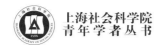

商标在先
使用制度研究

邓文 著

Research on
Trademark Prior Use

上海人民出版社

编审委员会

总　序

　　2020年,尽管新冠肺炎疫情对人类生活和经济社会发展造成一系列影响和冲击,但在党中央的坚强领导和全国人民的共同努力之下,中国实现了全球主要经济体唯一的经济正增长,在脱贫攻坚、全面建成小康社会等方面成绩斐然,交出了"一份人民满意、世界瞩目、可以载入史册的答卷"。在此期间,上海社会科学院的广大科研人员在理论研究和社会实践中坚决贯彻落实党中央和上海市委市政府的决策部署,积极发挥自身优势,以人民为中心、以抗疫与发展为重点,与时代同步,"厚文化树信心,用明德引风尚",在理论支撑和智力支持上贡献了积极力量,也取得了一系列重要的学术理论研究和智库研究成果。

　　在上海社会科学院的科研队伍中,青年科研人员是一支重要的骨干研究力量,面对新时代的新使命、新阶段的新格局、新发展的新情况,上海社科院的青年人以其开放的思想、犀利的眼光、独到的新视角,大胆探索,深入研究社会科学中的前沿问题,取得了一系列突出的成果,也在这生命最美好的时光中谱写出一道道美丽的风景。面对这些辈出的新人和喜人的成果,上海社会科学院每年面向青年科研人员组织和征集高质量书稿,出版"上海社会科学院青年学者丛书",把他们有价值的研究成果推向社会,希翼对我国学术的发展和青年学者的成长有所助益。

　　我们2021年出版的这套丛书精选了本院青年科研人员的最新代表作,涵盖了经济、社会、生态环境、文学、政治法律、城市治理等方面,反映了上海社会科学院新一代学人创新的能力和不俗的见地,是过去一年以来上海社会科学院最宝贵的财富之一。丛书的出版恰逢中国共产党建党百年的大事、喜事,这是社科青年用自己的"青春硕果"向中国共产党百年华诞献礼!

"青年是生命之晨,是日之黎明",是人类的春天,更是人类的期望,期待在这阳光明媚的春天里上海社科院的青年人才不负韶华,开出更加绚丽的花朵。

上海社会科学院科研处

2021 年 4 月

目 录

导　言

一、问题的提出

中国采取注册取得商标权原则,注册是取得商标权的唯一途径,单纯的使用无法获得商标权。某种程度而言,中国商标法采用的是一种几近绝对的商标授权模式。①此种单一的商标授权模式有利于尽快形成稳定的商标法律秩序,保证商标权利取得的稳定性和有序性,是与中国改革之初的法律环境相适应的。②但是,"随着市场经济的逐步发展,纯粹的注册制度导致商标领域产生大量的权利异化现象"③。譬如,市场上涌现的商标恶意囤积现象、商标恶意抢注行为,甚至出现从未使用过商标的商标权人向实际使用并产生一定影响的在先使用人主张侵权并要求损害赔偿的不公平情形等,上述现象都有违商标制度设立的初衷。

为防止商标恶意囤积造成的商标资源浪费,《中华人民共和国商标法》(全书简称《商标法》)明确规定,注册商标权人连续三年不在其商标核定的商品或服务类别上使用其注册商标,且无正当理由的情况下,任何第三人均

---

① 参见彭学龙:《寻求注册与使用在商标确权中的合理平衡》,载《法学研究》2010 年第 3 期,第 149—162 页。
② 参见孔祥俊:《商标与不正当竞争法:原理和判例》,法律出版社 2009 年版,第 250—310 页。
③ 程德里:《在先使用商标的"有一定影响"认定研究》,载《知识产权》2018 年第 11 期,第 10 页。

可以向商标局提出申请,撤销其已注册的商标。①换言之,商标权人必须证明其三年内存在商标使用行为,一旦无法提交相应的使用证据,其商标即面临被撤销的风险。而对于多数商标囤积人而言,除非商标本身价值较高,否则其一般不愿耗费更多成本在满足商标使用的要求上。从而依此立法根据,以逐步减少商标恶意囤积现象的出现。为规制商标恶意抢注行为,《商标法》既要求申请注册的商标不得与他人合法权利相冲突②,同时不得损害他人现有的在先权利③,又明确在立法中载明申请人不得以不正当之手段抢注他人已经使用并产生一定影响的商标④,以此弥补单一商标注册取得制度的缺陷。

另外,为保障使用在先并产生一定影响的在先使用人的合法利益,2013年《商标法》还增设了商标在先使用的规定。具体而言,如果在先使用人存在使用在先之客观事实,且属于在同种或类似商品上使用与注册商标相同或近似之标识的情形,同时在先商标已产生一定影响的前提下,在先使用人可继续使用其在先商标。但法律仅能保护在先使用人已形成的"既存状态",即在先使用人的继续使用范围仅能限于"原使用范围",且商标权人可要求在先使用人使用时附加适当区别标识。⑤商标在先使用相关规定的设置,较好地平衡了商标权人的利益与在先使用人合法利益⑥,同时消减了单一商标注册取得制度对在先使用人造成的不公平结果⑦,一定程度上克服了单一商标注册取得制度的局限性。

但需要强调的是,商标在先使用制度并不仅是立法规定的内容。立法

---

① 参见《商标法》第 49 条第 2 款。
② 同上,第 9 条第 1 款。
③④ 同上,第 32 条。
⑤ 同上,第 59 条第 3 款。
⑥ 参见王莲峰:《商标先用权规则的法律适用——兼评新〈商标法〉第 59 条第 3 款》,载《法治研究》2014 年第 3 期,第 12 页。
⑦ 参见北京知识产权法院(2015)京知民终字第 588 号民事判决书。

仅确定了在何种条件下在先使用人可以寻求法律保护,也规定了在先使用人的行使限制,但实际上,商标在先使用制度非常复杂。之所以如此认为,是因为制度不仅牵涉到商标使用主义与商标注册主义的冲突,还涉及在先使用人利益、商标权人利益和社会公众的公共利益之利益平衡问题等。对商标在先使用制度研究得不到位,有可能导致商标的使用难以发挥应有价值,或过分强调在先商标使用保护导致动摇注册取得制度的根基;除此之外,若在先使用人利益、商标权人利益和社会公众的公共利益之边界划定不清,还将直接有违商标立法的目标与旨趣。

因此,尽管对商标在先使用制度的研究不曾停息[①],但有关于制度本身的系统性、科学性、适用性等问题却长期未能得到妥善解决。比如对于商标在先使用的性质一直存在争议,对于商标在先使用制度中"使用在先"的判断、是否具备"一定影响"的认定、"善意"的认定、"原使用范围"的界定(尤其是互联网环境下"原使用范围"的界定更无规则)、如何"附加适当区别标识"等诸多问题均未达成共识,理论界还存在应否赋予在先使用人在原使用范围内"全部排他权"的争议等。一方面,对商标在先使用制度研究不成体系且理论基础薄弱,缺乏研究的系统性、理论性;另一方面,在实践中,商标在先使用制度适用乏力,以致商标在先使用人通过使用形成的合法利益、商标注册权人利益和社会公众的公共利益难以平衡,一定程度上有违商标立法的目标与宗旨。因此,我们应从商标在先使用制度存在的理论基础出发,厘清理论与实践中关于商标在先使用制度理解与适用中存在的诸多争议,形成系统、科学、合理的商标在先使用制度。

---

① 学界关于商标在先使用制度的研究一直存在。仅 2018 年 11 月以来《知识产权》杂志刊载的涉及商标在先使用的论文就有多篇,包括程德里:《在先使用商标的"有一定影响"认定研究》,载《知识产权》2018 年第 11 期,第 10—18 页;冯术杰:《限制注册商标权:商标先用权制度的改革路径》,载《知识产权》2019 年第 8 期,第 74—81 页;张鹏:《〈商标法〉第 59 条第 3 款"在先商标的继续使用抗辩"评注》,载《知识产权》2019 年第 9 期,第 11—25 页。除此之外,还包括黄汇:《商标使用地域性原理的理解立场及适用逻辑》,载《中国法学》2019 年第 5 期,第 80—96 页;李雨峰:《未注册在先使用商标的规范分析》,载《法商研究》2020 年第 2 期,第 185—196 页,等等。

需要注意的是,从在先使用的未注册商标保护周延性来看,当前其仅能依《商标法》第 13 条第 2 款、第 15 条、第 32 条、第 59 条第 3 款,以及《反不正当竞争法》(以下简称《反法》)第 6 条第 1 项构筑的规范群,获得一定程度的"兼顾性"保护。[①]但《商标法》第 13 条第 2 款是关于未注册驰名商标保护的规范,对未注册驰名商标的相关保护规则已相对完善;《商标法》第 15 条是关于代理人抢注在先使用商标的规制,法律规定相对明确,不易产生分歧与争议。必须说明的是,本书关于商标在先使用制度研究的法律根据为《商标法》第 59 条第 3 款,在研究商标在先使用制度的过程中,对《商标法》第 32 条及《反法》第 6 条第 1 项中与之相关的内容亦进行探究。

二、现有文献综述

对商标在先使用制度的研究由来已久,但如何理解与适用商标在先使用制度一直存在争议。仅学理上对"商标在先使用"的提法,就存在"先使用权"[②]、"先用权"[③]、"商标在先使用权"[④]等不同认知。对现有关于商标在先使用制度的研究成果进行划分,可重点分为:关于商标在先使用性质的研究;关于商标在先使用制度构成要件具体组成的研究;关于商标在先使用制度构成要件具体内容的研究,包括"使用"的判断、"在先"的判定、"一定影响"的认定,以及"善意"的认定研究等;关于商标在先使用制度行使限制及行使扩张内容的研究,主要包括"原使用范围"界定研究、"附加区别标识"研究以及应否赋予在先使用人在原使用范围

---

① 参见李雨峰:《未注册在先使用商标的规范分析》,载《法商研究》2020 年第 2 期,第 185 页。

② 冯晓青:《商标权的限制研究》,载《学海》2006 年第 4 期,第 141 页。

③ 张玉敏:《论使用在商标制度构建中的作用——写在商标法第三次修改之际》,载《知识产权》2011 年第 9 期,第 11 页。

④ 汪泽:《论商标在先使用权》,载《中华商标》2003 年第 4 期,第 37 页。

内"全部排他权"的研究等；此外，还包括关于商标在先使用制度延伸
研究。

关于商标在先使用性质的认定，最早可以追溯到 1921 年《日本商标
法》(该法又被称为"旧法")①。当时学界就存在对商标在先使用性质是否
应被定性为"权利"的争议。因为从"旧法"的条文结构安排来看，其将商
标在先使用明确规定在"权利"的结构部分，而非"权利的限制"结构部分，
依立法对条文结构的安排商标在先使用的性质应为"权利"的一种，而非
"权利限制"。但学界存在与之相对的观点。譬如，三宅发士郎教授认为，
"旧法规定商标在先使用的目的仅在于保护善意在先使用人继续使用，并
非赋予其权利"②，兼子一、染野义信教授亦认为，"与其说商标在先使用应
被定性为权利，不如说其是保护善意在先使用人继续使用的事实关系"③。
此后，不断有学者就商标在先使用性质提出不同的主张。国内学者凌斌
教授认为商标在先使用的性质应为"在先权利"，他在论著中明确指明，
"从广义的角度进行阐释，法定权利之外的'先用权'，以及其他民事法律
制度保护的合法权益都属于在先权利"。④王莲峰教授则认为商标在先使
用的性质应为"自然权利"的一种，"在先使用人存在使用在先的事实，是一
种自然存在的权利"。⑤黄汇教授认为，"商标权人对在先使用人的继续使用
行为无权禁止，无权禁止即表明在先使用人有权使用"，"商标在先使用的性

① 该法于 1921 年第 44 届帝国议会审议通过，同年 4 月 30 日法律第 99 号公布，1922 年 1 月 11 日
起实施。其中，将商标在先使用规定在"旧法"第 9 条。
② ［日］三宅发士郎：《日本商标法》，严松堂书店 1931 年版，第 252 页。
③ ［日］兼子一、染野义信：《特许・商标》(实务法律讲座)，青林书院 1957 年版，第 567 页。
④ 凌斌：《"肥羊之争"：产权界定的法学和经济学思考——兼论〈商标法〉第 9、11、31 条》，载《中国法
学》2008 年第 5 期，第 176 页；持此相同观点的学者还包括李扬：《商标法中在先权利的知识产权
法解释》，载《法律科学》(西北政法学院学报)2006 年第 5 期，第 41—50 页；邱荣平、张大成：《试论
商标法中在先权的保护与限制》，载《法制与社会发展》2002 年第 3 期，第 74—79 页，等等。
⑤ 王莲峰：《商标先用权规则的法律适用——兼评新〈商标法〉第 59 条第 3 款》，载《法治研究》2014
年第 3 期，第 13 页。

质应为民事权利"。①

现今关于商标在先使用性质的讨论,比较主流的观点是认定商标在先使用的性质为"抗辩权"。譬如,早期日本学者纲野诚、丰崎光卫、小野昌延在其论著中均指明,"商标在先使用是法律为保护在先使用人通过善意劳动形成的合法利益,而赋予在先使用人对抗商标权人禁止权的抗辩权,但这种抗辩权并非物权式的权利,在先使用人仅可继续使用,但不能禁止他人使用其标识"②,国内部分学者同样认定商标在先使用的性质应是"抗辩权",比如杜颖教授认为,"类推专利先用权规定,商标在先使用同样能够对抗权利人禁止权,即不侵权抗辩权"③。简而言之,学界关于商标在先使用性质的认定,存在"在先权利说""自然权利说""民事权利说""抗辩权说"等诸多理论学说,且至今关于其性质的探究仍旧显见于最新研究成果之中。

关于商标在先使用制度构成要件的具体组成方面,理论与实践中同样存在争议。如"御皇汇"商标纠纷案④中,审理法院提出"三要件说":第一,使用时间上先于权利人申请日;第二,在先商标应达到"一定影响";第三,仅在原有范围内使用。但在"乔某面馆"商标纠纷案⑤中,审理法院提出的"三

---

① 黄汇:《商标使用地域性原理的理解立场及适用逻辑》,载《中国法学》2019 年第 5 期,第 89 页。持此相同观点的学者还包括刘贤:《未注册商标的法律地位》,载《西南政法大学学报》2005 年第 3 期,第 110—114 页;易继明:《知识产权的观念:类型化及法律适用》,载《法学研究》2005 年第 3 期,第 110—125 页;倪朱亮:《商标在先使用制度的体系化研究——以"影响力"为逻辑主线》,载《浙江工商大学学报》2015 年第 9 期,第 76—77 页,等等。

② [日]纲野诚:《商标》,有斐阁 2002 年版,第 780—781 页。持类似观点的学者还包括:[日]丰崎光卫:《工业所有权法(法律学全集)》,有斐阁 1980 年版,第 420 页;小野昌延虽然在其著作中将其作为法定使用权的一种,放在作为许诺使用权的独占实施许可权和普通实施许可权之后予以论述,但他也认为其并非能动的排他权,参见[日]小野昌延:《商标法概说》,有斐阁 1999 年版,第 249 页。

③ 杜颖:《商标先使用权解读——〈商标法〉第 59 条第 3 款的理解与适用》,载《中外法学》2014 年第 5 期,第 1361 页。持"抗辩权说"的国内学者还包括李扬:《商标在先使用抗辩研究》,载《知识产权》2016 年第 10 期,第 4 页;张鹏:《〈商标法〉第 59 条第 3 款"在先商标的继续使用"评注》,载《知识产权》2019 年第 9 期,第 13 页,等等。

④ 参见浙江省嘉兴市中级人民法院(2017)浙 04 民初 91 号民事判决书。

⑤ 参见广东省佛山市中级人民法院(2017)粤 06 民终 2752 号民事判决书。

要件"内容为:第一,在先使用人主观上应为善意;第二,存在在先使用的客观事实;第三,在先商标应达到"一定影响"。对比可以看出,即便同为"三要件",各法院所持之判断标准亦存在差异。

在"启航"商标纠纷案[①]中,审理法院提出"四要件说":第一,使用时间上先于权利人申请日;第二,使用时间上早于权利人使用之日;第三,在先商标应形成"一定影响";第四,仅在原有范围内使用。而在"ABIE"商标纠纷案[②]中,审理法院提出了内容并不完全一致的"四要件"标准:第一,在申请日前,在先使用人已存在使用行为;第二,在先商标应达到"一定影响";第三,在原范围内在先使用;第四,继续使用仅限于在先使用人。

关于商标在先使用制度的构成要件组成,还存在"五要件说"。在"北驰"商标纠纷案[③]中,审理法院提出"五要件"标准:第一,使用时间上先于权利人注册日;第二,在先商标同注册商标相同或近似;第三,在同种或类似商品上使用;第四,在商标申请注册前在先商标已经具有"一定影响";第五,仅可在原范围内使用。

除以上标准外,学界还存在"七要件说"的主张。[④]汪泽教授在《中国商标法律现代化——理念、制度与实践》一书中提出了"七要件"标准:第一,涉案的注册商标应具有显著性;第二,在先使用人对商标的使用应先于商标权人注册之日及使用之日;第三,在同一种或类似商品使用相同或近似商标;第四,在先使用应为商标性使用;第五,在先使用应为连续使用;第六,主观上在先使用人应为善意;第七,在先商标已达到"一定影响"。

之所以会存在关于商标在先使用制度中构成要件具体组成的诸多不同学说,主要原因在于,现今关于商标在先使用制度中构成要件的法律规定较

---

① 参见北京知识产权法院(2015)京知民终字第 588 号民事判决书。
② 参见陕西省西安市中级人民法院(2016)陕 01 民初 930 号民事判决书。
③ 参见山东省高级人民法院(2016)鲁民终字第 2304 号民事判决书。
④ 参见汪泽:《中国商标法律现代化——理念、制度与实践》,中国工商出版社 2017 年版,第230 页。

为模糊,以及司法实践中案件的独特性,同时对商标在先使用制度构成要件与行使限制存在混用,加之域外关于商标在先使用的规定对我国的影响。关于构成要件具体组成的不同学说,恰恰说明理论与实践中关于商标在先使用制度依然存在诸多争议,亟待厘清并统一。

关于商标在先使用制度构成要件中"使用"的判断方面,主要争议点在于商标在先使用制度中的"使用"与传统意义上的商标性使用在判断上是否一致。我国立法对在先使用人的"使用"并未提出"持续性使用"要求,或存在任何有关"持续性使用"的规定。但在此前学者著述中已经存在要求在先使用人的"使用"应为"持续性使用"或"连续使用"的主张。比如,吴汉东教授在《知识产权法学》(第四版)一书中指明,"在先使用人对商标的使用应是连续性的"。①王莲峰教授与其观点基本一致②,王艳丽学者同样认为,"在先使用人应是指主观善意,并且未间断的使用人"③。域外部分国家或地区在立法规定中直接要求在先使用人对在先商标的使用应具有"持续性",比如《英国商标法》要求在先使用人持续地使用商标④,《日本商标法》同样明确规定,主张适用商标在先使用的在先使用人,应证明其存在"继续性使用"行为⑤,除非存在特殊情形才可中断对在先商标的继续使用⑥。

另外,虽然立法对在先使用人的"使用"并未予以任何解释或提出任何要求,但学界同样存在商标在先使用制度中在先使用人的"使用"应被限定为"国内使用"的观点。例如,黄汇教授认为,"商标在先使用显然不应适用

---

① 吴汉东:《知识产权法学》(第四版),北京大学出版社 2014 年版,第 314 页。
② 参见王莲峰:《商标先用权规则的法律适用——兼评新〈商标法〉第 59 条第 3 款》,载《法治研究》2014 年第 3 期,第 13 页。
③ 王艳丽:《论商标权的限制》,载《科技与法律》2002 年第 1 期,第 122 页。
④ 参见 Article 11.3 of The Trade Mark Act 1994(amended in 2018)。
⑤ 参见杜颖:《商标先使用权解读——〈商标法〉第 59 条第 3 款的理解与适用》,载《中外法学》2014 年第 5 期,第 1366—1367 页。
⑥ 特殊情形指:因季节性原因而中断使用,或者因为社会经济上的情势而不得已中断使用的,不破坏继续使用构成要件。参见[日]小野昌延、三山峻司:《新·商标法概述》,青林书院 2009 年版,第 289 页。

于境外使用并在境内产生一定影响的在先使用人"①,同样持相似观点的还包括中国台湾学者陈昭华教授。②从域外部分国家立法及司法实践来看,《美国兰哈姆法》同样要求在先使用行为应在境内完成③;英国法院在判例中明确指出,"若不存在本土经营之行为,此种在先使用难以获得英国商标法上的承认与保护"④;《韩国商标法》更是直接在立法中规定,"对于善意的在先使用行为,在先使用人对在先商标的使用行为必须是在韩国境内完成的"⑤。

尽管存在部分关于"使用"判断的研究成果,但整体而言,学界对商标在先使用制度中"使用"的研究较为零散,缺乏与传统意义上商标性使用的对比,忽略了商标在先使用制度中"使用"判断的独立性、完整性。

关于商标在先使用制度中"在先"的判定标准方面,我国立法要求以"双重优先"判定"在先",但"双重优先"的判定标准一直受到学界的质疑与挑战。比如有学者主张应以"核准注册之日"替代"商标申请之日"判定"在先"⑥,或主张以"初步审定公告日"替代"商标申请之日"判定"在先"⑦。对于是否要先于"商标权人使用之日"这一时间判断节点,理论与实践中的争议更大。从域外判定"在先"的标准来看,大多要求在先使用行为先于商标

---

① 黄汇:《商标使用地域性原理的理解立场及适用逻辑》,载《中国法学》2019 年第 5 期,第 90 页。

② 参见陈昭华:《商标法之理论与实务》,台湾元照出版社 2013 年版,第 67 页。

③ 参见 J. Thomas McCarthy, *McCarthy on the Trademarks and Unfair Competition*,§17:9 (Eagan:Thomson Reuters, 2013)。

④ 参见 Bernardin(Alain) et Cie v. Pavilion Properties Ltd,〔1967〕F.S.R.341。

⑤ 参见《十二国商标法》翻译组:《十二国商标法》,清华大学出版社 2013 年版,第 290 页。《韩国商标法》第 57 条第 3 款:"1.在同一种或类似的商品上使用与他人已注册的商标相同或近似的商标,且符合下列全部要件的人(包括承继其地位的人),有权在其适用的商品上继续使用该商标:(1)在他人申请注册该商标之前,该人已经在国内开始使用此商标,却没有故意从事不正当竞争的意图而持续使用该商标;(2)依照前第一项在先使用人使用其商标的结果,使得国内消费者,在他人申请注册商标之际,已知晓在先使用人的商标是表示具体个人商品的商标。2.商标权人或专有使用权人可以要求在先使用人在其商品上作出适当的标记,以防止在自己的商品与在先使用人的商品之间产生对商品来源的误认或混淆。"

⑥ 参见曹远鹏:《商标先用权的司法实践及其内在机理——基于我国司法案例群的研究》,载《中山大学研究生学刊》(社会科学版)2009 年第 3 期,第 84—94 页。

⑦ 参见罗莉:《信息时代的商标共存规则》,载《现代法学》2019 年第 4 期,第 85 页;另见张鹏:《〈商标法〉第 59 条第 3 款"在先商标的继续使用抗辩"评注》,载《知识产权》2019 年第 9 期,第 16 页。

申请注册之日即可，比如《日本商标法》要求，在先使用人应先于商标申请注册之日前就存在使用行为①，中国台湾地区有关规定也存在相似内容②；少数国家同样坚持以"双重优先"判定"在先"，如《英国商标法》要求在先使用人对在先商标的使用，既要早于商标申请注册之日，还要早于商标权人使用之日，唯有达到此标准，在先使用人才可以主张在先使用行为成立。③综合观之，当前关于"在先"的判定标准缺乏必要的说理、论证，对商标在先使用制度中"在先"的判定标准有待进一步明确。

关于商标在先使用制度中"一定影响"要件的认定方面，首先学界存在对"一定影响"应否纳入制度构成要件的分歧。以王莲峰教授为代表的学者认为，"应取消对先用商标有一定影响的要求"④，曹新明教授、程德里教授、杜颖教授等学者在著述中基本都承认"一定影响"要件的存在，并对如何认定"一定影响"提出相应规则。⑤从域外关于在先商标"一定影响"认定的立法现状来看，基本大多数国家或地区均直接在立法规定中即明确要求在先使用人对在先商标的使用应达到"一定影响"的程度。如《日本商标法》要求在先商标的使用应达到"广为认知"的程度⑥，《韩国商标法》第 57 条第 3 款

① 参见［日］森智香子、广濑文彦、森康晃：《日本商标法实务》，北京林达刘知识产权代理事务所译，知识产权出版社 2012 年版，第 158 页。
② 参见汪泽：《论商标在先使用权》，载《中华商标》2003 年第 3 期，第 37 页。
③ 参见 Michael Pulos. A Semiotic Solution to the Propertization Problem of Trademark. Bmj Case Reports，2006，Vol.53(3)：833—869。
④ 王莲峰：《商标先用权规则的法律适用——兼评新〈商标法〉第 59 第 3 款》，载《法治研究》2014 年第 3 期，第 15 页。
⑤ 参见曹新明：《商标先用权研究——兼论我国〈商标法〉第三修正案》，载《法治研究》2014 年第 9 期，第 22—23 页；另见杜颖：《商标先使用权解读——〈商标法〉第 59 条第 3 款的理解与适用》，载《中外法学》2014 年第 5 期，第 1361—1363 页；程德里：《在先使用商标的"有一定影响"认定研究》，载《知识产权》2018 年第 11 期，第 10—18 页。
⑥ 参见［日］纹谷畅男：《商标法 50 讲》，魏启学译，法律出版社 1987 年版，第 237 页。《日本商标法》第 32 条："在他人申请注册商标之前，在日本国内以非不正当竞争为目的就已在该商标注册申请指定的商品服务或者类似商品或服务上使用与申请注册商标相同或者近似的商标，而且作为区分与自己业务有关的商品或服务的标志为他人提出商标注册申请时已在消费者中广为知晓，该商标使用人有权继续在前述商品或者服务上使用该商标。"

明确规定在先商标的使用应达到"一定影响"①,《英国商标法》同样强调在先使用应在"特定地域范围内持续使用"②,相当于对在先使用人提出了"一定影响"的要求。不过,中国台湾地区有关规定并未在原文中明确要求在先使用人对在先商标的使用应达到"一定影响"的程度。

其次,关于在先使用人对在先商标的使用是否达到"一定影响"的判断,学界主要从在先使用人使用的地理区域、相关公众对在先商标的知晓程度等因素对其进行认定。对于在先使用人使用地理区域的要求,部分学者与法官认为在先使用人使用的地域应至少辐射某一区县或更高一级的市。比如在"黄金米"商标纠纷案中,审理法院要求在县城范围内的相关公众对该在先商标做到普通知晓即可。③但也有部分法院或学者认为,"一定影响"的判断应至少以地级市为单位,要求地级市范围内相关公众对该在先商标做到普通知晓。④从域外各国要求达到"一定影响"所需的地理区域范围来看,其划定"一定影响"的门槛是不高的,比如《美国兰哈姆法》强调在先商标应在"特定区域内"形成一定影响;《英国商标法》强调在"特定地域范围内"达到一定影响;《德国商标和其他标志保护法》(以下简称《德国商标法》)要求在先商标只需要在商品或服务经营所处的经济圈内享有声名即可⑤;日本司法实务界普遍认为在先商标的使用应达到"广为认知"的程度,而这种"广为认知"所指代的范围不能过于狭小,譬如在几个町的范围内不能算作已被相关公众广为认知⑥,町指代大街或市集,实质亦表征出其划定"一定影响"的门槛是不高的。

---

① 参见《韩国商标法》第 57 条第 3 款。
② 参见 Michael Pulos. A Semiotic Solution to the Propertization Problem of Trademark. Bmj Case Reports,2006,Vol.53(3):833—869。
③ 参见江苏省南通市中级人民法院(2014)通中知民终字第 0002 号民事判决书。
④ 参见李扬:《商标法中在先权利的知识产权法解释》,载《法律科学》2006 年第 5 期,第 48 页。
⑤ Annette Kur & Martin Senftleben, *European Trademark law*, Oxford press, 2017, pp.405—491.
⑥ Daniel J. Gervais, *International Intellectual Property*, Edward Elgar Publishing Limited, 2015, pp.341—407.

在判定相关公众对在先商标知晓程度的参考因素方面,从已整理的与商标在先使用相关的案例来看,部分法院坚持以产品销量、在先商标辐射的地域范围来判定在先商标的知晓程度;部分法院坚持以广告宣传、荣誉奖项来判定在先商标的知晓程度;还有法院提出依"公众联想"因素来判定在先商标的知晓程度。[①]美国一般以在先商标的市场渗透度来判断相关公众对在先商标的知晓程度,具体考察以下因素:产品的销量、相关公众的数量、增长率的变化和宣传的程度等。[②]日本法院还会将在先商标所附商品或服务的销售形式等作为认定在先商标知晓程度的补充因素。[③]

除此之外,当前理论与实践中对"一定影响"的认定还存在其他诸多争议。如商标在先使用制度中的"一定影响"与其他法律规定中的"一定影响"有何区别厘定不清且适用混乱,认定"一定影响"产生的时间存在争议等。应结合商标在先使用制度设立的初衷,以及维护利益平衡之最终目的,进一步形成并完善我国关于在先商标"一定影响"认定的完整规则。

关于"善意"的认定,多数学者认定"善意"应为商标在先使用制度构成要件之一。如王莲峰教授认为,"在先使用人应出于善意"[④];李雨峰教授、倪朱亮博士亦认为,"先使用人使用时须基于善意"[⑤];文学教授在《商标使用与商标保护研究》一书中撰明,"在先使用应出于善意"[⑥];曾陈明汝、蔡明

[①] 具体参见北京市西城区人民法院(2014)西民(知)初字第 17652 号民事判决书、北京知识产权法院(2014)京知民终字第 134 号民事判决书、山东省淄博市中级人民法院(2014)淄民三初字第 62 号民事判决书、浙江省温州市中级人民法院(2015)浙温知民终字第 8 号民事判决书。

[②] Mark P. McKenna. Trademark Use and the Problem of Source. University of Illinois Law Review, 2009, pp.773—831.

[③] 参见佟姝:《商标先用权抗辩制度若干问题研究——以最高人民法院公布的部分典型案例为研究范本》,载《法律适用》2016 年第 9 期,第 64—69 页。

[④] 王莲峰:《商标先用权规则的法律适用——兼评新〈商标法〉第 59 条第 3 款》,载《法治研究》2014 年第 3 期,第 14 页。

[⑤] 李雨峰、倪朱亮:《寻求公平与秩序:商标法上的共存制度研究》,载《知识产权》2012 年第 6 期,第 3—15 页。

[⑥] 文学:《商标使用与商标保护研究》,法律出版社 2008 年版,第 221 页。

诚学者认定,"如在先使用人为恶意,则不能阻止商标权人禁止权"[①]。《日本商标法》同样要求在先使用人主观上应为善意,不过以"非基于不正当竞争的目的"予以表达[②],汪泽博士在《论商标在先使用权》一文中指出,英国判例中法院同样要求"在先使用人应不存在任何欺骗意图"[③],中国台湾地区相关规定更是明确规定"善意"。但是,同样有学者对"善意"作为制度构成要件之一提出质疑,本书将其理由总结为:立法中确无规定"善意"这一主观要件;并且根据对在先使用人应符合"使用在先"的要求,在先使用人的使用行为既先于商标权人申请注册又先于商标权人使用,其使用行为不存在攀附商誉的可能,当然是善意的,因此无再行规定"善意"的必要。对"善意"纳入制度构成要件依然存在争议,且缺乏必要理论支撑,有待进一步论证。

在认定"善意"的具体规则方面,民法中通常以当事人知情与否作为认定善意的根据。[④]杜颖教授认为,"以非基于不正当竞争目的替代知情与否的标准解释善意,具有合理性"[⑤]王莲峰教授在《商标合理使用规则的确立和完善》一文中提出了认定善意的参考因素[⑥];域外多数国家或地区要求在先使用人对在先商标使用时不得存在任何不正当竞争之目的或意图,或者不应存在任何欺骗。以上均为本书构建具体的善意认定规则提供了有益借鉴。

关于商标在先使用制度行使限制的研究,主要分为"原使用范围"界定研究与"附加适当区别标识"规则设置研究两部分内容。有关"原使用范围"的界定,域外多数国家或地区立法认可将"原使用范围"限于"原商品或服务

① 曾陈明汝、蔡明诚:《商标法原理》,台湾新学林出版社 2007 年版,第 99 页。

② 参见《日本商标法》第 32 条。

③ 汪泽:《论商标在先使用权》,载《中华商标》2003 年第 3 期,第 38 页。

④ 参见谢在全:《民法物权论》,中国政法大学出版社 1999 年版,第 941 页;梁慧星主编:《中国物权法研究》,法律出版社 1998 年版,第 1104 页;梁慧星、陈华彬:《物权法》,法律出版社 2007 年版,第 401 页。

⑤ 杜颖:《商标先使用权解读——〈商标法〉第 59 条第 3 款的理解与适用》,载《中外法学》2014 年第 5 期,第 1366 页。

⑥ 参见王莲峰:《商标合理使用规则的确立和完善——兼评〈商标法(修改稿)〉第六十四条》,载《政治与法律》2011 年第 7 期,第 77 页。

类别"，如《日本商标法》要求在先使用人仅能在原商品或服务类别上继续使用其在先商标①；《韩国商标法》也有相同的规定，即要求在先使用人仅能在原商品上继续使用，不得跨越商品之类别②；中国台湾地区相关规定同样要求，符合商标在先使用的在先使用人仅能以原商品或服务类别为限继续使用其在先商标。③有所区别的是，《瑞士商标法》要求在先使用人仅能在现有程度（same extent）内继续使用，④其以"现有程度"替代了"原商品或服务类别"的表达，不过对于何为"现有程度"并未有过多阐述。整体而言，域外多数国家或地区基本认可对"原商品或服务类别"加以限制。但有所区别的是，域外多数国家或地区对于"原使用地域范围"并无明确限制性规定，仅在具体司法实践中提及应限制"原使用地域范围"。如在日本"广岛 DDC"商标纠纷案⑤中，审理法院明确在先使用人的继续使用范围不得超出其广为认知的范围等。

对比而言，中国立法并未对"原使用范围"作任何解释说明，不过从具体的司法实践来看，对"在先使用人仅能在原商品或服务类别上使用在先商标"这一限制并无异议。但是对于是否应限制在先使用人继续使用地域范围，学界却存在相应争议。反对"限制地域范围"的学者认为，划定继续使用的地域范围本身存在难度，缺乏实际可操作性，且不利于对在先使用人合法利益进行保护，仅限制在先使用人使用的商品或服务类别即可。⑥支持"限

---

① 参见［日］纹谷畅男：《商标法 50 讲》，魏启学译，法律出版社 1987 年版，第 237 页。
② 参见《十二国商标法》翻译组：《十二国商标法》，清华大学出版社 2013 年版，第 290 页。
③ 参见汪泽：《论商标在先使用权》，载《中华商标》2003 年第 3 期，第 37 页。
④ Article 14.1 of Federal Act on the Protection of Trade Marks and Indications of Source："The proprietor of a trade mark may not prohibit another person from continuing to use a sign to the same extent as already previously used prior to the filing of the application."
⑤ 参见广岛地方法院福山支部昭和 57 年（1982 年）9 月 30 日判决。转引自杜颖：《商标先使用权解读——商标法第 59 条第 3 款的理解与适用》，载《中外法学》2014 年第 5 期，第 1364 页。
⑥ 参见李扬：《商标法中在先权利的知识产权法解释》，载《法律科学》2006 年第 5 期，第 49—50 页。同样持此观点的学者还包括杜颖、田村善之等，参见杜颖：《在先使用的未注册商标保护论纲——兼评商标法第三次修订》，载《法学家》2009 年第 3 期，第 132 页；［日］田村善之编：《日本知识产权法》，周超、李雨峰、李希同译，知识产权出版社 2010 年版，第 68 页。

制地域范围"的学者认为,一旦放开在先使用人继续使用的地域范围,便相当于打破了在先使用人利益与商标权人利益的平衡的状态,对在先使用人的保护超出了必要限度,劣性挤压商标权人权利。①因此,有必要进一步厘清在先使用人的继续使用范围。

虽然立法对界定"原使用范围"的时间节点并无规定,但理论中存在以"商标权人主张权利之日"作为界定"原使用范围"时间节点的主张。②江苏省高级人民法院在审理"超妍"商标纠纷案③中,也承认原使用范围的界定时间节点为"商标权人权利主张之日",相似的案例还有广东省广州市白云区人民法院审理的"豪柏"商标纠纷案④等。同时,还存在支持以"商标申请之日"作为界定"原使用范围"时间节点的主张,例如在"城市之家"商标纠纷案⑤中,河北省保定市级人民法院即明确要求应以"商标申请之日"作为界定"原使用范围"的时间节点,对在"商标申请之日"后扩大使用的部分不予认可。其实,学界对界定"原使用范围"的时间节点这一问题关注度较少,但此时间节点直接关涉到在先使用人与商标权人的利益分配,我们应从理论上予以重视并加以论证。

除此之外,对于网络环境中在先使用人"原使用范围"的界定,学界研究不多。罗莉教授在《信息时代的商标共存规则》一文中提道:"对于网络环境中在先商标与权利人商标共存的情况,可以根据网络平台等对在先商标继续使用予以限定"。⑥广东省深圳市中级人民法院在审理"悦跑"商标纠纷案

---

① 参见张尧:《商标先用权保护探讨》,载《知识产权》2014 年第 2 期,第 67 页。另见芮松艳、陈锦川:《〈商标法〉第 59 条第 3 款的理解与适用——以启航案为视角》,载《知识产权》2016 年第 6 期,第 30—31 页。
② 参见单麟:《先用商标"原使用范围"限定问题研究》,2018 年华东政法大学硕士论文,第 30—31 页。
③ 参见江苏省高级人民法院(2016)苏民终字第 125 号民事判决书。
④ 参见广东省广州市白云区人民法院(2016)粤 0111 民初字第 1069 号民事判决书。
⑤ 参见河北省保定市中级人民法院(2015)保民三初字第 135 号民事判决书。
⑥ 罗莉:《信息时代的商标共存规则》,载《现代法学》2019 年第 4 期,第 87—88 页。

时,提出"在先使用人的在先使用行为基本都是在网络上完成的,其对'悦跑'这一在先商标的使用范围突破了现实的地域限制,其'原使用范围'应及于整个网络","但是,出于对商标权人权利维护的需要,法律仅能保护在先使用人已经形成的市场和商誉,因此必须对在先使用人'原使用范围'做严格的限缩解释","基于此种考量,在先使用人继续使用的范围应仅限于原网络平台,而不得扩展到其他网络平台上对其在先商标继续使用"。①本书赞同审理法院的最终结论,但是从理论上来说,审理法院得出最终结论的理由并不正确。从现有研究成果来看,对于网络环境中如何界定"原使用范围"同样需要作进一步探究。

在"附加适当区别标识"的具体规则设置方面,立法仅规定商标权人要求下,在先使用人应附加适当区别标识。在如何附加区别标识上,王莲峰教授认为,"适当的标识,包括不同的包装、装潢,以及企业名称、字号和产品产地等"②;杜颖教授亦认定,"附加标识的具体方式,应包括在商标下添加相应说明性文字,或增加独立的标志以示区别,或改变包装、装潢的样式等"③。日本学者纲野诚教授指明,"附加区别标识,并不要求对在先商标本身做任何修改,若强行要求对在先商标本身进行改变,实质是对商标在先使用制度的否定"④;小野昌延、三山峻司教授在《新·商标法概述》一书中言及,"应根据在先商标与商标权人商标的实际使用状况,来判断附加区别标识的合理性,并非商标权人向法院提出请求,在先使用人就必须要在其商品或提供的服务上附加区别标识"⑤。尽管学界存在一些关于附加区别标识的主张,但附加区别标识的具体规则设置的规定仍然欠缺完整性,如何种情

① 广东省深圳市中级人民法院(2017)粤03民初字第977号民事判决书。
② 王莲峰:《商标先用权规则的法律适用——兼评新〈商标法〉第59条第3款》,载《法治研究》2014年第3期,第14页。
③ 杜颖:《商标先使用权解读——〈商标法〉第59条第3款的理解与适用》,载《中外法学》2014年第5期,第1365页。
④ 〔日〕纲野诚:《商标》,有斐阁2002年版,第783页。
⑤ 〔日〕小野昌延、三山峻司:《新·商标法概述》,青林书院2009年版,第293—294页。

况下应附加区别标识、何为"适当"区别标识，以及附加区别标识的相应提请程序等均不明确。以附加区别标识的提请程序为例，若商标权人不提出附加区别标识的要求，法院能否直接要求在先使用人附加区别标识？如果商标权人提出附加区别标识的要求，法院能否直接以不会造成相关公众混淆为由，直接拒绝商标权人的要求？再如，如何判断在先使用人附加的区别标识达到了适当的程度等。这些问题在理论与实践中均未得到回应，或虽有回应但缺乏根据，有待进一步厘清并解决。

　　在是否应赋予在先使用人在原使用范围内"全部排他权"方面，学界亦存在争议。一般认为，商标在先使用仅是一种消极对抗商标权人侵权请求的抗辩，在先使用人仅能在原使用范围内继续使用，并不具有在原使用范围内排除他人使用的排他权。[1]但冯术杰教授以立法关于商标在先使用的具体规定与《反法》第 6 条第 1 项规则相冲突为视角，试图论证赋予在先使用人在原使用范围内全部排他权的应然性。[2]同时，冯术杰教授还例证了域外存在允许在先使用人在原使用范围内具有全部排他权的具体规定，如欧盟附前提认可在先使用人在原使用范围内全部排他权[3]，英国通过反假冒诉讼认可在先使用人在原使用范围内全部排他权[4]，等等。关于商标在先使用制度中在先使用人是否享有排他权依然存在争议，需进一步探索。

　　关于商标在先使用制度延伸方面，虽然已有研究文献较少，但确实存在将商标在先使用制度中的"商标"概念延伸至"商业标识"的主张。如王莲峰

---

[1]　参见杜颖：《商标先使用权解读——〈商标法〉第 59 条第 3 款的理解与适用》，第 1359—1361 页。另见李扬：《商标在先使用抗辩研究》，载《知识产权》2016 年第 10 期，第 4 页；张鹏：《〈商标法〉第 59 条第 3 款"在先商标的继续使用"评注》，载《知识产权》2019 年第 9 期，第 13 页，等等。

[2]　持这一观点的主要代表学者是冯术杰教授。参见冯术杰：《限制注册商标权：商标先用权制度的改革路径》，载《知识产权》2019 年第 8 期，第 74—81 页。

[3]　Article 138 of Regulation(EU) 2017/1001 of the European Parliament and of the Council of 14 June 2017 on the European Union Trade Mark.

[4]　英国上诉法院在 Inter Lotto(UK) Ltd v. Camelot Group plc 案中对该问题作出了明确阐述。参见 Inter Lotto(UK) Ltd v.Camelot Group plc.[2003] L.L.R.699，para. 31。

教授认为,"先用权中的商标可延伸至其他商业标识"①,"对先用权中在先使用的客体应作广义理解"②;孙国瑞教授、董朝燕博士亦在《论商标先用权中的"商标"与"适用"》一文中持相同观点,认为"应当将先用权中对'商标'的保护延伸至'商业标识'"③。不过,虽然理论中存在延伸的主张,但制度延伸的具体理由等则有待进一步探究。

三、研 究 意 义

(一) 理论意义

从现有文献来看,当前对商标在先使用制度的研究,仍然存在诸多理论争议与适用疑难。本书进一步挖掘商标在先使用制度存在的理论基础,同时明确从实然法角度应将商标在先使用定性为一种"不构成侵权的抗辩手段"。继而从理论基础出发廓清并完善了商标在先使用制度的内核及外延,重新确定了商标在先使用制度构成要件及行使限制中的具体内容及判定标准,并增加了商标在先使用制度行使扩张的内容,建议特定情形下可以赋予在先使用人一定限度的"排他力"等,基本妥善解决了当前学界关于商标在先使用制度的理论争议,形成了较为系统的、科学的、合理的商标在先使用制度的理论研究成果。

(二) 实践意义

在当前司法实践中,法院对如何理解与适用商标在先使用制度存在极

---

① ② 王莲峰:《商标先用权规则的法律适用——兼评新〈商标法〉第 59 条第 3 款》,载《法治研究》
2014 年第 3 期,第 15 页。
③ 孙国瑞、董朝燕:《论商标先用权中的"商标"与"适用"》,载《电子知识产权》2016 年第 8
期,第 64 页。

大争议。仅从时间要素来看,法院在判定在先使用人是否满足"在先"要件时,既有依"双重优先"判定"在先"的案例,又存在仅依"核准注册之日"判定"在先"的案例,还存在仅依"商标申请之日"判定"在先"的案例,或依"初步审定公告之日"判定"在先"的理论主张,对"在先"的判定标准颇为混乱;对于认定在先商标达到"一定影响"要求的时间节点,既有将"核准注册之日"作为认定在先商标达到"一定影响"要求的时间节点的案例,又有将"商标申请之日"作为认定在先商标达到"一定影响"要求的时间节点的案例,法院对认定在先商标达到"一定影响"要求的时间节点存在争议;对于界定"原使用范围"的时间节点,既有将"商标权人主张权利之日"作为界定"原使用范围"时间节点的案例,又有将"商标申请之日"作为界定"原使用范围"时间节点的案例,而且各执道理,法院在作具体界定时陷入混乱。除此之外,还存在其他适用争议。诸多争议的存在继而导致各地区法院针对同一在先使用事实裁判出不同的判决结果,这在影响司法判决稳定性的同时,增加了法律运行的不确定性。系统性的商标在先使用制度理论研究成果,有助于破除商标在先使用制度的适用不足,合理划清商标权人与商标在先使用人的保护边界,解决司法实践中的制度适用争议。

四、主要研究方法

(一) 文献研究法

对商标在先使用制度的研究由来已久,域内域外形成了较多关于商标在先使用制度的研究成果。本书对现有研究成果进行了分析、整理、归纳和总结,重点梳理了与商标在先使用制度相关的争议部分,并总结出当前研究成果中尚未解决的疑难问题,鉴此丰富文献池为基础,开展对商标在先使用制度的研究。

（二）比较研究法

域外各国或地区大多均有商标在先使用的规定。他山之石，可以攻玉。本书非常重视对商标在先使用开展比较研究，通过对比域外各国或地区关于商标在先使用的立法规定及司法实践中域外法院提出的相应规则，一方面探究规定相异的原因，另一方面借鉴域外理论中的有益部分，为中国商标在先使用制度的完善提供进路。

（三）体系化研究法

整体与部分的价值取向具有一致性。商标在先使用制度是商标权权利限制制度的重要组成部分，以商标权权利限制制度的一般理论为引开展研究，有益于从整体角度出发研究商标在先使用制度。除此之外，商标在先使用制度由构成要件和行使限制组成，构成要件和行使限制又各有不同的内容。本书对商标在先使用制度的研究，既包含对单个具体内容的研究，又强调各具体内容之间的联系，相互印证，共同形成系统性的商标在先使用制度理论研究成果。

（四）案例研究法

本书共检索到国内涉商标在先使用相关的案例约 964 件①，并对其中约 120 件案例做了重点分析与探究。同时，本书还对域外商标在先使用判例进行了相应检索与研究。本书发现，法院在处理与商标在先使用相关的

---

① 此处运用的主要检索工具包括"中国裁判文书网"（网址：http://wenshu.court.gov.cn/）、"知产宝"（网址：http://www.iphouse.cn/）、"无讼"（网址：https://www.itslaw.com/bj）等，所使用的检索关键词为"商标""在先使用""第五十九条第三款"（最终形成的数据结果排除了未以商标在先使用为争议焦点的无效数据）。最后访问日期：2021 年 1 月 4 日。

问题时,经常出现标准不一、前后矛盾的情况,其原因一方面与立法对商标在先使用的规定较为简单有关,另一方面与商标在先使用制度本身有关。无论是"使用"的判断,还是"善意"的认定,包括"一定影响"的判定,以及"原使用范围"的界定等,都是适用商标法时较为棘手的难题。通过案例分析的方法,研究、总结、归纳现阶段司法实践中关于商标在先使用制度的理解与适用争议,可以为形成系统性的商标在先使用制度的理论研究成果奠定实践之基。

五、全书结构

本书共分为五章。

第一章主要从商标权权利限制的视阈出发,研究商标在先使用制度存在的理论基础,同时探究商标在先使用的性质,明释现行法律规定中商标在先使用制度的构成要件和行使限制。

第二章主要研究商标在先使用制度的适用不足。使用在先并产生一定影响的在先使用人能够援引商标在先使用制度保护其自身合法利益,但在适用商标在先使用制度过程中,却存在诸多尚未解决的争议与疑难,这一章主要对相关争议与疑难进行研究、归纳、总结。

第三章主要是考察域外商标在先使用的具体规定并进行比较研究。域外各国或地区大多均有商标在先使用的规定,进行比较研究有利于丰富、完善中国商标在先使用制度的理论基础和立法实践。

第四章主要论述商标在先使用制度构成要件的完善建议。具体包括厘清"使用在先"中"使用"的判断标准,改变判定"在先"的"双重优先"标准,统一"一定影响"认定规则,明确将"善意"纳入商标在先使用制度构成要件的同时确定"善意"的认定规则。

第五章主要分为两部分内容。一部分论述关于商标在先使用制度行使限制的完善建议，提出"原使用范围"界定的统一规则，同时明确附加区别标识的适用逻辑。另一部分，增加商标在先使用制度行使扩张的内容，包括：论证赋予在先使用人在原使用范围内"全部排他权"的观点并不正确；建议特定情形下可以赋予在先使用人一定限度的"排他力"；建议在商业标识立法体系框架下对商标在先使用制度中在先使用的客体作广义理解。

六、主要创新及不足

（一）主要创新点

第一，探索商标在先使用制度存在的科学性。明确商标在先使用制度存在的理论基础，包括"劳动价值理论""'先到先得'的朴素正义观""利益平衡理论"，以及"兼顾公平、正义与效率的价值追求"。商标在先使用制度的存在有其科学性、合理性。

第二，商标在先使用的性质并非"在先权利""民事权利""抗辩权"，但可从应然法的角度出发认定其性质为一种"自然权利"，从实然法角度出发应将其性质认定为一种"不构成侵权的抗辩手段"。

第三，对商标在先使用制度构成要件的具体内容进行了创新。关于"使用在先"要件中"使用"的判断，确定对在先使用中"使用"的要求比传统意义上商标性使用的更高，既要符合商标性使用，又要符合"国内使用"和"持续性使用"的限定。关于"在先"的判定标准，改变立法中要求以"双重优先"判定"在先"的标准，坚持仅以"商标申请日"作为判定"在先"的标准。

关于"一定影响"要件，本书明确肯定"一定影响"要件存在的必要性，同时认为《商标法》第 32 条划定的"一定影响"门槛较高，《反法》第 6 条第 1 项中的"一定影响"与商标在先使用制度构成要件中的"一定影响"在判断上可作相同解释。明确"一定影响"认定的具体因素，可主要从在先商标使用的地理区域、相关公众的范围、相关公众对在先商标的知晓程度、认定达到"一定影响"要求的时间节点以及相关证据因素等进行综合认定。值得一提的是，本书指出，从使用地理区域的划分来看，"一定影响"的范围应至少覆盖某一乡镇，而不要求应至少覆盖某一区县或更高一级的市。本书还认为，应以"商标申请之日"作为认定在先商标是否达到"一定影响"要求的时间节点。

关于"善意"，本书认为应明确将"善意"纳入商标在先使用制度的构成要件，同时借鉴"非基于不正当竞争目的"对善意进行认定。其中，"非基于不正当竞争目的"主要指在先使用人不存在明显攀附商标权人商誉，或明显贬损商标权人声誉等扰乱竞争市场的行为或意图。

第四，对商标在先使用制度行使限制的具体内容进行了创新。在"原使用范围"的界定上，本书坚持以"商标申请之日"作为界定"原使用范围"的时间节点；同时明确在先使用人继续使用范围除受"商品或服务类别"限定外，还应对"原使用地域范围"予以限定，并明确了"原使用地域范围"的界定方法；不应对在先使用人生产规模施以限制。同时，本书指出，在网络环境中，可以也有必要依据具体的网络平台或者互联网产品对在先使用人"原使用范围"进行界定，而且应考察在先商标在此网络平台或互联网产品上的使用是否达到"一定影响"。

明确"附加适当区别标识"的适用规则，"混淆可能"应是商标权人要求附加区别标识的前提，请求"附加区别标识"的主体只能是商标权人，"适当"程度应以避免相关公众产生混淆为标准。

第五，增加了商标在先使用制度行使扩张的内容。从"忽略了商标权人对在先使用人原使用范围的'侵略'""赋予在先使用人'全部排他权'必然撼动商标注册取得制度"，以及"应先适用商标法解决商标在先使用问题"三个角度，论证赋予在先使用人在原使用范围内"全部排他权"的观点并不正确。

本书建议特定情形下可以赋予在先使用人一定限度的"排他力",满足特定情形的要件应包括:(1)商标在先使用成立;(2)存在未经许可的第三人在商标在先使用人原使用范围内使用商标权人商标的侵权行为;(3)商标权人拒不履行其排他权利;(4)第三人的侵权使用行为危害到在先使用人的合法利益。

本书建议在商业标识立法体系框架下,商标在先使用制度中在先使用的客体可延伸至"商业标识",并从多角度考证该建议的正确性。

(二) 主要不足

第一,从具体类型化划分来看,商标在先使用仅是商标权权利限制的部分。开展商标权权利限制制度的研究不仅更显理论完整性,而且更具实践意义。但囿于篇幅,本书仅能从商标权权利限制制度的一般理论出发,开展商标权权利限制制度中商标在先使用制度的研究。在未来的研究阶段,可以将商标权权利限制制度中的其他内容(包括商标合理使用制度、商标权权利用尽制度)纳入研究范围,以形成完整的商标权权利限制制度的理论研究成果。

第二,笔者在借鉴已有研究成果基础上,根据自身粗浅的学识与认知形成了较为系统的商标在先使用制度理论。但也仅停留在理论层面,未能开展相关实证研究。对于理论本身以及未来将理论用于指导实践可能会存在的不足或欠妥之处,有待经受实践的检验。

第一章
商标在先使用制度基本理论

从本质上讲,"商标在先使用"是商标权权利限制的一部分,它是为平衡在先使用人利益与商标注册权人利益,而由法律拟制的一种权利限制,或权利的例外。正是基于这种利益平衡的需要,商标在先使用人基于自己在先使用行为所产生的合法利益才受到保护。"劳动价值理论""'先到先得'的朴素正义观""利益平衡理论",以及"兼顾公平、正义与效率的价值追求"等理论为商标在先使用制度奠定了扎实的根基,商标在先使用制度的存在有其科学性、合理性。

商标在先使用并非"商标法中的在先权利""民事权利""抗辩权",仅是一种权利的限制或例外。从实然法的角度来理解,商标在先使用只能被定性为一种"不构成侵权的抗辩手段"。从应然法的角度考虑,商标在先使用之所以能够获得保护,是基于在先的合法利益的存在,而这种在先的合法利益即是对已经使用并产生一定影响的"自然状态"的承认,从洛克的劳动财产价值理论视角可以将商标在先使用定性为一种"自然权利"。

第一节　商标权权利限制制度的一般理论

就当前学界对商标权权利限制类型化划分的结果而言,基本均包含"商标合理使用""商标权权利用尽"和"商标在先使用"此三种基于社会公众利益与他人正当权利考虑而不被视为商标侵权的类型。整体与部分的价值取向具有一致性,商标在先使用制度是商标权权利限制制度的重要组成部分,以商标权权利限制制度一般理论为引开展研究,有益于从整体角度出发研究商标在先使用制度。

一、商标权权利限制的基本概念

知识产权法的根本目的或价值追求在于激励创新,以创新促社会进步。但并非纯粹依靠对知识产权进行保护就可以实现创新,创新的实现还需要对知识产权予以必要限制。保护与限制看似是对立的两面,但却实质统一于知识产权法根本目的之中。换言之,一方面,需要在保护知识产权以保障知识产权人权益不受侵害的同时,实现其合法利益;另一方面,需要对其知识产权予以必要限制,以便相关社会公众得以更丰富地利用这一知识财产,从而推动社会整体利益的进步。于是,"对知识产权予以保护,与对知识产权进行限制,便毋庸置疑地成为知识产权整体制度中相反相成的两项重要内容"。[①]对知识产权权利限制制度的研究应是知识产权基础理论研究的重要组成。

进一步言之,与专利权、著作权等其他知识产权相似,在保护商标权人合法的商标权利的同时,需要对其权利予以适当限制。在实践中,既要实现商标权人的合法利益,又要平衡社会公众利益与商标权人利益关系,因此基于这种切实需要衍化出了商标权权利限制制度。随着历史的发展和经济社会的不断进步,商标发挥的作用在不断扩展,商标权所保护的客体范围同样在逐步增加,致使商标权的内容不断扩张。从逻辑上来看,商标权的扩张与商标权权利限制的发展,其基本路径是完全相悖的。但是,商标权的内容之所

---

① 潘晓宁:《商标权限制制度比较研究——以美国法和欧盟法为中心》,华东政法大学 2010 年博士论文,第 6 页。

以得以平稳扩张,在于相应商标权权利限制的支持;因为没有对权利无缘无故的限制,商标权权利限制的发展同样依赖于商标权内容的扩张。[①]良好的商标权权利制度或体系应是商标权扩张与商标权权利限制之间的有益平衡。

当前学界关于商标权权利限制的概念,主要存在广义与狭义两种不同定义形式。广义的商标权权利限制,实际是对商标权权利限制的一种泛指,是指包含限制商标权人权利的所有形式,譬如对商标权人享有的专有权的限制、对商标权人享有的排他权的限制、对商标权人转让的限制,以及对商标权人许可使用的限制等,实际上涵盖了商标注册专用权人的义务。[②]因此,有定义将其阐释为:"商标权权利限制是指对商标权施以负担,使商标权人承担相应的义务,即不逾界行使商标权,以示对他人及公共利益的尊重。"[③]与之相对应,狭义的商标权权利限制主要从利益平衡的视角出发,仅指当商标权人的利益与社会公众利益相冲突时,法律为协调此种冲突,在紧紧围绕利益平衡这一核心前提下,对商标权人的权利行使予以必要限制的特定情形。[④]换言之,这是指"在特定情况下,他人未经商标权人许可,使用与其注册商标相同或近似标识时,不视为是商标侵权行为"。[⑤]根据此定义,狭义的商标权权利限制又可被称为"侵权之例外"。

从定义上看,广义的商标权权利限制涵盖了对商标权限制的所有形式,狭义的商标权权利限制仅指特定情形下不视为侵犯商标权的形式。虽然两者对商标权权利限制的认知有区别,但其核心内容都强调对社会公众利益与他人正当权利的尊重。[⑥]就当前学界对商标权权利限制类型化划分的结

---

① 　参见叶赟葆:《抗辩视角下商标权限制体系研究》,华东政法大学 2014 年博士论文,第 12 页。

② 　参见吴汉东:《知识产权基本问题研究》,中国人民大学出版社 2005 年版,第 588 页。

③ 　刘明江:《商标权效力及其限制研究》,知识产权出版社 2010 年版,第 133 页。

④ 　参见吴汉东:《知识产权基本问题研究》,中国人民大学出版社 2005 年版,第 588 页;另见冯晓青:《知识产权法利益平衡理论》,中国政法大学出版社 2006 年版,第 667 页。

⑤ 　王艳丽:《论商标权的限制》,载《科技与法律》2002 年第 1 期,第 117 页。

⑥ 　参见叶赟葆:《抗辩视角下商标权限制体系研究》,华东政法大学 2014 年博士论文,第 14—15 页。

果而言,基本均包含"商标合理使用""商标权权利用尽"和"商标在先使用"此三种基于社会公众利益与他人正当权利考虑而不被视为商标侵权的类型。因此,本书的研究在理论上对商标权权利限制的定义主要采"狭义"说,可以总结为:为协调商标权人利益与社会公众利益的冲突,基于利益平衡的考量,在满足特定要求下,他人未经商标权人许可使用与商标权人注册商标相同或近似标识的行为,不被视为侵犯商标权。①

二、商标权权利限制的法理学基础

"权利作为法配置客体利益之手段,与权利限制相对而存在。"②依此而言,权利限制同样也是法律配置客体利益的一种手段,只是其是从权利的"反面"对客体利益的再次分配。权利与权利限制统一于整个权利体系之中,均是权利体系不可分割的重要部分,以此进一步实现法益之平衡。

(一)利益平衡理论

"利益平衡既是公共利益原则的要旨,又是社会公德的要求。"③几乎所有法律的创设与适用均离不开对利益平衡的考量。"依托利益平衡理论,对知识产权限制基础理论进行阐释,最为合适"④,"之所以创设知识产权限制,其目的在于依靠此种手段,实现公众对此种知识产品的必要接近,以及合理使用,以此平衡公众与知识产权人之间的合理利益"⑤。"法律对知识产权限制的创设,并非毫无根据,而是围绕实现各种利益平衡这一基础。"⑥同样,有学者认为,"知识产权法对专有权利予以保护的同时,设定必要的权利限制,实质是法律对社会关系的各种客观利益现象进行有目的、有方向的

---

① 参见叶赟葆:《抗辩视角下商标权限制体系研究》,华东政法大学 2014 年博士论文,第 16 页。
② 沈宗灵:《法理学》,高等教育出版社 1994 年版,第 46 页。
③ 吴汉东:《试论知识产权限制的法理基础》,载《法学杂志》2012 年第 6 期,第 1 页。
④ 吴汉东:《知识产权法》,法律出版社 2004 年版,第 40 页。
⑤ 冯晓青:《论知识产权的若干限制》,载《中国人民大学学报》2004 年第 1 期,第 87—94 页。
⑥ 陶鑫良、袁真富:《知识产权法总论》,知识产权出版社 2005 年版,第 225 页。

调控,最终之目的在于促进利益的发展与平衡"①。总结而言,法律制度的核心任务在于协调社会公众之间的关系,形成以公平、自由等为原则的协调机制。为实现这一任务,法律制度应尽可能地去实现社会公众之间的利益平衡,知识产权法律制度亦应如此。与其他法律制度相比,客体的非物质性这一特殊本质,致使知识产权法律制度更应遵循这一利益平衡理论。

商标权是一种重要的知识产权,对商标权权利进行限制,同样符合利益平衡这一理论基础。对商标权人予以保护并非绝对,商标权人应在法律认可的范围内行使其权利。一旦商标权人在其权利范围外行使其权利,实质就会构成对商标权的滥用。为防止这种滥用行为对社会公众或他人正当权利造成损害,同时平衡商标权人与社会公众之间的利益,法律允许对商标权权利进行限制。正是基于这种保护商标权与限制商标权权利并存的局面,才形成了商标权法益的平衡机制。可以说,"利益平衡"既是构建商标权权利限制制度追寻的目标,又是解决商标注册专用权与限制注册商标专用权冲突的关键。

(二)权利相对性理论

权利相对性理论是当前剖析权利现象的一种重要理论。该理论认为,如同任何其他事物一样,权利也是有限度的,没有无缘无故的权利,也没有无缘无故的限制。"权利的相对性即是权利的本质属性。"②拥有权利本身就代表着拥有了限度。换言之,有权利就有限度,一旦权利的限度被突破,行使权利便成为了滥用权利。

权利相对性理论同样是商标权权利限制依托的重要法理基础。商标权和商标权权利限制统一于权利相对性之中。商标权人依凭法律赋予其的注册商标专用权,可在其核准的商品或服务类别上独占地使用其商标,并且有

① 吴汉东:《知识产权法》,法律出版社 2004 年版,第 40 页。
② 刘作翔:《权利相对性理论及其争论——以法国若斯兰的"权利滥用"理论为引据》,载《清华法学》2013 年第 6 期,第 110 页。

权禁止他人使用与其相同或近似标识。但是权利也是有限度的,有权利即有限制。譬如商标是文化符号的一部分,这部分文化符号可能会被运用于人们日常生活交流之中,此时这部分文化符号应是作为公共利益而存在,一旦此文化符号被商标权人通过注册而独占,会直接影响到相关公众的自由表达。基于此,有必要对商标权人权利的行使予以必要限制,实现公众自由表达的权利,同时又要避免以公共利益之名行损害商标权人私益之实。这就恰巧印证了权利相对性理论:商标权人的权利是有限度的,商标权人不得滥用其权利,承认商标权人的权利是有限度的,即是承认商标权人权利的相对性。

(三)体系完整性理论

体系完整性是实现知识产权体系的价值追求。此处体系完整性理论即是指完善商标权体系的需要。部分与整体之间存在价值观的一致性,整体由诸多部分组成。商标权体系既应包括商标权权利体系,又应包括商标权权利限制体系,两者相互对立,并统一于商标权完整体系之中。只有正视商标权权利限制的价值,将其视为商标权整体体系的部分,从商标权整体体系来考量,才能明确商标权权利限制的核心与关键,同时平衡权利与权利限制。

知识产权是一种私权,但与其他私权相比,又具有很强的公共利益属性。[①]因此,正如前文所言,知识产权法的根本目的或价值追求在于激励创新,以创新促社会进步;但并非纯粹依靠对知识产权进行保护就可以实现创新,创新的实现还需要对知识产权予以必要限制;保护与限制看似是对立的两面,但却实质统一于知识产权法的根本目的之中。于商标权而言,商标法既保护商标专用权,赋予商标权人独占使用其注册商标的权利,同时又对商标专用权人予以必要限制,以保护他人的正当权利和相关公众利益等公共

---

① 参见冯晓青:《知识产权法利益平衡理论》,中国政法大学出版社 2006 年版,第 41 页。

利益。对私权的保护往往会逾越公共利益的界限,因此构建商标权完整体系的核心就在于合理划定商标权人利益与公共利益之间的界限。对商标权人利益的保护,关涉到商标专用权,避免公共利益受损,关涉到商标权权利限制,两者就如整体中两个相对应的部分一样,统一于商标权整体体系之中。

进而言之,之所以设定商标权权利限制,根源在于保护商标专用权人权利的同时,需要通过限制其权利以实现商标权人利益与公共利益之间的合理平衡。因此,从体系完整性的角度而言,商标权的完整体系不仅应包含商标权权利体系,还应补充进权利限制的部分。对商标权权利限制的研究是构建完整的商标权体系的重要组成部分。

综合而言,商标权权利限制有其存在的法理学基础。对商标权权利限制的研究,离不开利益平衡理论、权利相对性理论、体系完整性理论的积淀。

三、商标权权利限制的类型化划分

正如上文所言,当前学界对商标权权利限制类型化划分,基本均包含"商标合理使用""商标权权利用尽"和"商标在先使用"此三种基于社会公众利益与他人正当权利考虑而不被视为商标侵权的类型。在达到"商标合理使用"要求,或符合"商标权权利用尽"情形,或满足"商标在先使用"构成要件的前提下,他人未经商标注册权人许可,使用与其注册商标相同或近似标识时,不被视为商标侵权。尽管都属于不被视为商标侵权的情形,而且其目的都是维护社会公众利益与商标权人利益之间的平衡,但这三种类型终究是不同的。"商标合理使用"更多地指向他人对注册商标进行的描述性或指示性使用,"商标权权利用尽"主要是为实现商品流通的需要,"商标在先使用"强调保障商标在先使用人合法利益。

（一）商标合理使用

对商标合理使用的研究由来已久。早在《与贸易有关的知识产权协议》

(Agreement on Trade-Related Aspects of Intellectual Property Rights，以下简称《TRIPS 协议》)制定之时，便有商标合理使用的相关规定，其明确成员方可以对商标权人所拥有的商标权利作部分例外性规定，比如在不损害商标权人和第三方合法利益的前提下，公正使用说明性术语不视为构成对商标权人权利的侵犯。①相似的规定同样存在于《欧洲共同体商标条例》(European Community Trade Mark Regulation)之中，不同的是，其特别强调，在认定是否构成对他人商标合理使用时，须重点判断使用人在使用时是否秉持诚实信用的原则。②

《美国兰哈姆法》同样包含与商标合理使用相关的规定，其载明若使用人仅是为了描述自己的商品、服务或原产地等实际情况，并非作为商标使用，而不可避免地需要使用权利人商标时，这种叙述性的使用不构成对权利人商标的侵权。③《德国商标法》同样规定了商标权人无权禁止他人使用其商业标识的特殊情形，包括：(1)为了描述其商品或服务的特征，包括质量、产地来源、价值等，不可避免地使用与其相同或近似的标识；(2)必要情况下，为了表明其提供的商品或服务与商标权人的商品或服务有关，当然前提是不违反善良风俗的情况下。④《日本商标法》也存在相似规定。⑤

---

① 参见 Article 17 of TRIPS Agreement。
② 参见 Article 12 of Council Regulation(EC) No 40/94 of 20 December 1993 on the Community trade mark。
③ 参见 Section 33(b)(4) of the LANHAM ACT。
④ 参见《德国商标法》第 23 条："以下述使用不违反善良风俗为限，商标或商业名称的所有人无权禁止第三人在商业交易中：(1)使用其名称或通信地址；(2)使用与商标或商业名称相同或近似的标志作为对商品或服务的特征或特性，特别是如其种类、质量、使用目的、价值、产地来源或生产、提供的时间的描述；(3)使用商标或商业名称作为对商品特别是附件或零配件或对服务的使用目的的提示，但以该使用为此所必要为限。"转引自《德国商标法》，范长军译，知识产权出版社 2013 年第 1 版，第 18 页。
⑤ 参见《日本商标法》第 26 条："对使用缺乏出处识别力和垄断适应性标记的权利行使之限制，包括常用名称、惯用性商标、为确保商品和包装的机能等而不可缺的立体形状等。"转引自[日]田村善之：《日本知识产权法》，周超、李雨峰、李希同译，知识产权出版社 2011 年版，第 140—141 页。

各国法律虽然对商标合理使用的表达不尽相同,但均将其视为对商标权的限制并写明在条文之中。

然而,对商标权权利的限制并非漫无边际。诚如前文所言,利益平衡既是构建商标权权利限制制度追寻的目标,又是解决商标注册专用权与限制注册商标专用权的关键。商标合理使用应是在利益平衡基础之上设定的对商标权人权利的限制,因此应明确适用合理使用的具体要求:(1)主观上,使用人应为善意,且不存在"搭便车"的意图;(2)客观上,使用人对权利人商标的使用应为正当使用;(3)使用目的上,应是在必要情况下描述或说明自己的商品或服务。

需要明确的是,要判断是否构成商标合理使用,必须以上三项要求全部具备,且三项要求互为支撑。譬如在判断使用人主观状态时,应关注使用人是否有自己的商标,且在商品或服务上是否对自己商标进行了使用,是否存在试图凸显他人商标以攀附声誉的行为,以及判断对他人商标的使用是否构成商标性使用,对商标权人商标的使用是否明显违背诚实信用原则等。[①]

对商标合理使用制度的理论研究,主要集中于探讨商标合理使用的本质。理论界对商标合理使用的本质存在争议。依照当前部分学者的观点,商标合理使用是指在日常的经营活动之中,第三人未经商标权人许可,以描述性、指示性使用等方式善意地使用权利人商标,而不被视为构成侵犯商标权的行为。[②]这是通过法律相关规定,为平衡相关公众与权利人之间的利益而对商标权人施以的权利限制。另有学者认为,"商标合理使用应是为了强

[①] 参见王莲峰:《商标合理使用规则的确立和完善——兼评〈商标法(修改稿)〉第六十四条》,载《政治与法律》2011 年第 7 期,第 77 页。

[②] 参见武敏:《商标合理使用制度初探》,载《中华商标》2002 年第 7 期,第 38 页。另见王艳丽:《商标权的限制》,载《当代法学》2002 年第 2 期,第 89—92 页;冯晓青:《商标权的限制研究》,载《学海》2006 年第 4 期,第 137—146 页;邱进前:《美国商标合理使用原则的最新发展:The Beach Boys 一案评析》,载《电子知识产权》2005 年第 5 期,第 51—54 页。

调某些特殊情形下并非商标性使用而设定的一种侵权抗辩事由,其并非是"基于特定利益考量"而设定的对商标权人的权利限制"。①进一步而言,这种观点认为商标合理使用并非基于特定利益考量而设定的权利限制,而是一种对"商标使用"的反向重申。即使法律没有设定商标合理使用,因构成商标合理使用的前提在于第三人对商标权人标识的非商标性使用,他人亦不会因为对商标进行非商标性使用而构成对商标权的侵犯。"商标合理使用的本质,应是非商标性使用。"②

本书同意后一种观点。商标合理使用的目的,或者是在必要情况下使用人想借助他人商标向相关公众叙述自身产品或服务的特征或特性,或者是在必要情况下使用人想借助他人商标向相关公众传达其所提供的产品或服务与该商标下的商品或服务相关。在商标合理使用中,使用他人商标的目的并非为了区别商品或服务来源,而构成商标性使用的前提是进行区别商品或服务来源的使用,因此合理使用并非商标性使用。相同结论在《美国兰哈姆法》的具体规定中同样能得到印证,《美国兰哈姆法》在关于商标合理使用的具体规定中明确载明对商标的使用应是"不作为商标使用"③。

(二) 商标权权利用尽

商标权权利用尽,同样是商标权权利限制的重要类型之一。与其他商标权权利限制类型不同,商标权权利用尽主要针对附有商标的产品在第一次销售后已进入流通领域的情形,本质目的在于协调商标权人权利与商标产品自由流通之间的冲突。

权利用尽,又称权利穷竭。这一知识产权权利限制起源于西方,最早确立于 1873 年 Adams 诉 Burke 专利侵权案④中,而后在 1895 年的 Keeler 诉

---

① 熊文聪:《商标合理使用:一个概念的检讨与澄清——以美国法的变迁为线索》,载《法学家》2013 年第 5 期,第 148 页。
② 同上书,第 157 页。
③ Section 33(b) (4) of the LANHAM ACT.
④ 84 U.S.453,456(1873).

Standard Folding Bed Co.一案①中再次使用这一理论。至 1908 年,美国最高联邦法院又将其适用到 Bobbs-Merrill Co.诉 Straus 著作权纠纷案②中,判决著作权人在首次销售后权利已用尽,亦即著作权法中的首次销售原则。其具体是指知识产权产品在知识产权权利人进行第一次销售后,或经知识产权权利人同意进行第一次销售后,知识产权权利人本人即无权禁止该知识产权产品在市场上继续流通。譬如,带有"Lenovo"商标标识的电脑,在经商标权人联想公司第一次销售后,一般情况下,商标权人联想公司无权禁止此带有"Lenovo"商标标识的电脑在市场上进行二次销售。

　　知识产权权利用尽原则在商标领域的体现,即为商标权权利用尽。设置商标权权利用尽的根本目的,在于协调商标权人权利与商标产品自由流通之间的冲突。③具体来说,即使他人通过合法途径获得了附有该商标的产品,但是附着于产品之上的商标仍然归属于真正的商标权人,若不存在商标权权利用尽的情形,他人在行使其财产权利时,势必侵犯商标权人的商标权。设定商标权权利用尽这一限制之后,附有商标的产品经权利人或其同意首次售出后,即使购买人对附有该商标的产品进行二次销售,其处置亦与商标权人无关,不构成对商标权人权利的侵犯。

　　不过,尽管各国均已在其国内法律中规定了商标权权利用尽,但是在实际的跨国贸易之中,在应对平行进口问题上,各国在适用商标权权利用尽时的立场并不统一。如何灵活适用商标权权利用尽、妥善解决跨国贸易中的平行进口问题,是当前商标权权利用尽这一权利限制关注的重点。平行进口,实质是指"非在本国生产但带有本国商标的产品,未经本国商标权人同意而输入本国的行为"。④一般情况下,认可商标权权利国际用尽,即表明支

①　167 U.S. 659(1895).
②　210 U.S. 339(1908).
③　参见郑成思:《知识产权论》(第三版),法律出版社 2007 年版,第 351 页。
④　王莲峰:《商标法学》(第二版),北京大学出版社 2014 年版,第 190—191 页。

持平行进口行为；反之，仅认可商标权权利国内用尽，则表明不支持平行进口行为。但是，各国在适用商标权权利用尽解决平行进口问题的过程中，并非"一竿子打死"。观察欧美关于审理商标平行进口的具体司法实践可以发现，其既有仅承认商标权权利国内用尽、反对平行进口的判例①，又有基于承认商标权权利国际用尽而允许平行进口的判例②，还有部分是依照当时国内的具体情形，通过竞争法规则界定平行进口合法性的判例，③甚至包括从商标制度的基本原理出发，对平行进口进行合法性判断的判例，等等。

国际公约对于如何适用商标权权利用尽亦不存在一个统一的规定，换言之，国际公约并不妨碍各成员国如何适用商标权权利用尽。如《保护工业产权巴黎公约》(Paris Convention for the Protection of Industrial Property，以下简称《巴黎公约》)明确规定，同一商标在不同国家应受到独立保护。④此独立性保护条款，进一步证明了国际公约对于各成员国之间如何协调与适用商标地域性与商标权权利用尽完全持放任态度。各国可以根据自身国情，坚持商标地域性原则，仅支持商标权权利国内用尽，阻止平行进口，也可以弱化商标的地域性，支持商标权权利国际用尽，允许平行进口。同样，《TRIPS 协议》关于是否支持平行进口的立场，与《巴黎公约》的相关规定体现出的基本相同，对于各成员国是否需要规定商标权国际用尽或是否支持平行进口，《TRIPS 协议》本身持模棱两可的态度⑤，各成员国完全可以自行其是。

---

① 参见 275 F.539 (2d Cir.1921)，Rev'd，260，U.S.689(1923)。

② 参见 486 U.S. 281(1988)。

③ 参见 EMI Records Limited v. CBS United Kingdom Limited，C-51/75，[1976] E.C.R.I-811。

④ 参见 Article 6(3) of the Paris Convention："A mark duly registered in a country of the Union shall be regarded as independent of marks registered in the other countries of the Union，including the country of origin"。

⑤ 参见 Article 6 of TRIPS Agreement："For the purposes of dispute settlement under this Agreement，subject to the provisions of Articles 3 and 4 nothing in this Agreement shall be used to address the issue of the exhaustion of intellectual property rights"。其中，第 3 条和第 4 条是关于适用《巴黎公约》等其他知识产权公约的规定。

实际上,决定各国是否需要承认商标权权利国际用尽、支持平行进口行为的关键因素应在于平行进口这一行为对国内经济发展造成的影响是积极的还是消极的。从此前欧美的判例亦可看出,欧美关于平行进口的态度同样是根据经济发展的现实形势而定的,即以本国利益为根本衡量标准。此衡量标准,对中国建构平行进口制度乃至商标权权利用尽制度同样具有重要的借鉴意义。

（三）商标在先使用

商标在先使用是商标权权利限制的重要类型,是本书研究的核心与重点。此处仅作概述。

简单来说,商标在先使用是指使用在先,且属同种或类似商品上使用与注册人相同或近似商标的情形,并产生一定影响的在先使用人,可在原使用范围之内继续使用该在先商标,而不视为商标侵权的行为。[①]商标在先使用这一商标权权利限制类型的存在,具有相应的合理根据。纵观商标法的发展历史,商标权权利的产生经历了从使用产生到注册产生的变迁。因此,为平衡商标注册权人利益与在先使用人利益,各国在赋予商标注册专用权人商标权的同时,同样设置相关制度或规则来保护商标在先使用人的利益。以《日本商标法》规定为例,其明确在他人申请商标注册前,已有在先使用人基于非不正当竞争之目的,在相同或类似商品上,使用与申请商标相同或近似的标识,并在他人提出商标申请前已在相关公众中达到广为知晓的程度,该在先使用人有权在前述商品或服务上继续使用该标识。[②]相似规定同样存在于中国台湾地区有关规定中,其要求在他人申请商标注册前,已有在先使用人在相同或类似商品上,使用与申请商标相同或近似的标识,且这种在先使用行为为善意,此时在先使用人可在原使用商品或服务上继续使用该

---

① 参见王莲峰:《我国商标先用权限制制度的构建——兼评〈商标法〉第三次修订》,载《法学》2006年第 11 期,第 129 页。

② 参见［日］纹谷畅男:《商标法 50 讲》,魏启学译,法律出版社 1987 年版,第 237 页。

商标,但权利人有权要求其附加适当区别标识。

在实践中,在单一注册取得制国家,如果不存在商标在先使用之规定,在先使用人通过其在先使用而产生的合法利益,均会因为在后商标注册权人的注册行为而消失。由此观之,之所以设置商标在先使用,是为了克服单一商标注册取得制度的局限性,而对商标权人权利作出的限制或例外之规定,其目的在于平衡在先使用人的合法利益与商标注册权人的利益。但是,从日本关于商标在先使用的具体规定来看,其既要求对在先使用人合法利益进行保障,如可继续使用其在先商标,同时又对其施以必要限制,以平衡商标注册权人利益、在先使用人利益及公共利益。如《日本商标法》中要求仅能在原商品或服务之上继续使用。

中国关于商标在先使用的规定,法律根据为现行《商标法》第 59 条第 3 款。与《日本商标法》的规定类似,得以构成商标在先使用必须满足以下要件:(1)在先使用人存在使用在先的客观事实;(2)在同类或类似商品上,使用与申请注册商标相同或近似的标识;(3)在先使用人通过其在先使用行为已形成一定影响。根据现行法律的规定,在同时满足以上三要件的基础上,在先使用人可继续使用其在先商标。但是,为平衡商标注册权人与在先使用人合法利益,法律仅能保护在先使用人已形成的"既存状态",即在先使用人的继续使用范围仅能限于"原使用范围",并且商标权人或其业务承继者可以要求在先使用人在商标产品上附加适当区别标识。

但是商标在先使用制度发展至今,其在理解与适用上仍然存在诸多问题。例如,缺乏对商标在先使用制度存在的理论基础的探讨、对商标在先使用的性质一直存有疑义、关于制度构成要件及行使限制中的具体内容一直存有争议等。总体而言,当前对商标在先使用制度研究既不成体系,又缺乏具体、统一的内容规则,致使实践中制度适用乏力,商标在先使用人通过使用形成的合法利益、商标注册权人利益和相关公众不被混淆的公共利益难以平衡。

第二节　商标在先使用制度的一般理论

商标在先使用作为商标权权利限制的重要类型,在先使用人通过诚实劳动所创造的价值理应得到肯定,对商标在先使用人"使用在先"客观事实的保护符合"先到先得"的朴素正义观,同时商标在先使用制度的设立实质是为平衡在先使用人与商标注册权人利益的需要,制度的维持与适用离不开利益平衡理论的支撑,最后在先使用制度的创设还是兼顾公平正义与效率这一价值追求的结果。

从法律规定的具体内容来看,商标在先使用并非"在先权利""民事权利""抗辩权",其仅是一种权利的限制或例外。如果区分实然法与应然法分别为商标在先使用定性,从实然法的角度出发只能将其视为一种"不构成侵权的抗辩手段";从应然法的角度考虑,商标在先使用之所以得以获得保护,是基于合法的在先利益的存在,而这种合法在先利益即是对已经使用并产生一定影响的"自然状态"的承认,基于这种凝聚了人类无差别劳动的在先利益的存在,可以将其定性为一种"自然权利"。

一、商标在先使用制度的提出

纵观商标发展的历史,关于商标在先使用的讨论并非一直存在。商标作为区别商品或服务来源的标记,是随着商品经济的发展而产生的。在未产生商品经济之前,人们逐水草而居,生产的目的基本是满足自身需要。因此在当时的社会环境下,商品交换不可能出现,而没有商品交换也就不可能存在商品标记。随着生产力的发展,人们有能力在满足自身需要后余出部分财产,并有意愿将此财产作为交换,商品经济由此逐步形成。为便于商品交换的完成,人们开始在其商品之上使用标记,以区别商品市场上他人提供的商品。①商标开始成为经济生活中的重要符号,用以区别市场上商品或服务的来源,在区别来源的基础上,商标逐渐发展成为商品或服务质量的象征。

近代工业革命极大地提高了社会生产力。在利益的刺激与驱动下,商品经济发展极速繁荣。市场上不断涌现新的生产、销售主体,商标因此不断增多。为了便于管理,商标制度应运而生。

商标权原始取得是商标制度得以运行的前提。当前商标权原始取得主要有以下三种方式。一是注册取得,在商标注册取得制度下,商标权获得的唯一方式即为注册申请。相较于其他商标权原始取得途径,注册取得拥有无可比拟的优势:一方面,便于对商标进行统一管理,敦促使用人尽早进行商标注册;另一方面,便于明确商标权的权利状态,能够及时维护权利人的合法权益。②因此,世界上多数国家的商标法都规定,商标必须经过注册才能取得商标权。二是使用取得,在商标使用取得制度下,商标使用是商标权取得的基础,商标权的取得必须经过使用。因此,要认定商标权的归属,需要结合当事人提供的关于商标实际使用的证据来进行判断。由此带来一个重大弊端,即在奉行单一的商标使用取得制度的国家,其商标的权利状态并不稳定,即便使用人存在对商标的长期使用,也不能完全确定商标权最终归属于此使用人,而须结合使用在先与否进行判断。商标使用取得制度仅存在于少数国家。值得一提的是,在奉行使用取得商标权的国家,同样需要使用人进行登记。三是混合取得,在商标混合取得制度下,使用与注册均可获得商标权。依照上述取得模式,商标获准注册后,于合理期间内他人可以依照在先使用向相关部门申请撤销该注册商标,并依照在先使用行为获得商标权。只有在合理期间过后,该注册商标的权利状态才趋于稳定。③该制度

① 参见王莲峰:《商标法学》(第二版),北京大学出版社 2014 年版,第 2 页。
② 同上书,第 84 页。
③ 参见吴汉东:《中国知识产权制度评价与立法建议》,知识产权出版社 2008 年版,第 56 页。另见张耕、李燕、邓宏光:《商业标志法》,厦门大学出版社 2006 年版,第 245 页。

目前在部分国家施行。

　　不论是在奉行单一商标使用取得制度的国家，还是在奉行商标混合使用取得制度的国家，在先使用人都可以依凭其在先使用行为获得商标权。即使存在被他人抢先登记或注册的情况，在先使用人依然能够通过提请诉讼的方式，或依照正常的商标撤销程序，撤销在后登记人或注册人已登记或注册的商标。当然，在奉行使用取得与混合取得商标权的国家讨论商标在先使用并非全无必要，譬如奉行使用取得商标权的美国就存在商标在先使用人与在后使用人共存的情况。①

　　关于商标在先使用制度的讨论，主要集中于奉行单一注册取得商标权的国家。虽然注册取得制度具有相对的优势，世界上多数国家选择采用这一制度，但单一注册取得制度的弊端并没有被很好地解决。如前文所述，商标注册取得制度的设立，既便于对商标进行统一管理，同时又能够明确商标权的权利状态，第三人仅需要通过简单的商标检索，就可以及时规避不必要的冲突。不过，在商标注册取得制度下，唯有注册才可取得商标权，是否申请注册成为判断他人是否享有商标权的唯一标准。在商标未申请注册之前，其仅是一种具备标识作用的标记，只是某种自然状态下的存在物，不能称之为权利。②中国采取单一注册取得制，在该取得模式下，唯有注册才可获得商标权，仅存在在先使用行为是不能获得商标权的。基于此，有学者提出中国的商标制度近似于商标注册制度、商标法近似于注册商标法的观点。③

---

① 可参见 Honover Milling 案。法院认为，"存在这样一种情形，如果当事人在同类的产品上各自独立使用相同的标志，而且双方当事人的市场在总体上讲是相互隔离的，在先使用在此适用的意义就不大，除非能够证明在后的使用人选择使用这一相同的标志时有损害在先使用人利益的意图"，实质就是承认商标在先使用人与在后注册人在特殊情形下可以共存。参见 Hanover Star Milling Co. v. Metcalf-240 U.S. 403，36 S. Ct. 357(1916)。

② 参见郑祝君：《适法者要正确行动引导法律功能的实现——几起撤销注册商标案评析》，载《法商研究》1998 年第 6 期，第 25—28 页。

③ 参见唐广良：《论商标注册的法律意义》，知识产权出版社 2011 年版，第 133—136 页。

　　这种单一的注册取得制度有利于尽快形成稳定的商标法律秩序,保护商标权利取得的稳定性和有序性,是与中国改革开放之初的法律环境相适应的。①但是,"随着市场经济的逐步发展,纯粹的注册制度导致商标领域产生大量的权利异化现象"。②如市场上涌现的商标恶意囤积现象,再如商标恶意抢注行为泛滥,甚至出现从未使用过商标的商标权人向实际使用并产生一定影响的在先使用人主张侵权损害赔偿的不公平情形,有违商标制度设立的初衷。

　　为防止商标恶意囤积造成的商标资源浪费,《商标法》明确规定,注册商标权人连续三年不在其商标核定的商品或服务类别上使用其注册商标,且无正当理由的情况下,任何第三人均可以向商标局提出申请,撤销其已注册的商标。③换言之,商标权人必须证明其三年内存在商标使用行为,一旦无法提交相应的使用证据,其商标即面临被撤销的风险。而对于多数商标囤积人而言,除非商标本身价值较高,否则其一般不愿耗费更多成本在满足商标使用的要求上。根据此立法规定,以逐步减少商标囤积行为。为规制商标恶意抢注行为,《商标法》既要求申请注册的商标不得与他人合法权利相冲突④,同时不得损害他人现有的在先权利⑤,又明确在立法中载明申请人不得以不正当之手段抢注他人已经使用并产生一定影响的商标⑥,以此弥补单一商标注册取得制度的缺陷。

　　另外,为保障使用在先并产生一定影响的在先使用人的合法利益,2013年《商标法》增设了商标在先使用的规定。具体而言,如果在先使用人存在使用在先之客观事实,且属于在同种或类似商品上使用与注册商标相同或近似之标识的情形,同时在先使用已产生一定影响的前提下,在先使用人可继续使

---

① 参见孔祥俊:《商标与不正当竞争法:原理和判例》,法律出版社 2009 年版,第 250—310 页。
② 程德里:《在先使用商标的"有一定影响"认定研究》,载《知识产权》2018 年第 11 期,第 10 页。
③ 参见《商标法》第 49 条第 2 款。
④ 同上,第 9 条第 1 款。
⑤⑥ 同上,第 32 条。

用其在先商标。但法律仅能保护在先使用人已形成的"既存状态",即在先使用人的继续使用范围仅能限于"原使用范围",且商标权人可要求在先使用人使用时附加适当区别标识。①商标在先使用制度的设置,较好地平衡了商标权人的利益与在先使用人的合法利益②,同时消减了单一商标注册取得制度下对在先使用人造成的不公平结果,一定程度上克服了单一注册取得制度造成的局限,彰显了对未注册商标在先使用人的利益保护与法律关怀。③

二、商标在先使用制度存在的理论基础

孟德斯鸠认为,"法律就是理性,是从事物的性质中产生出来的"。④商标在先使用制度的确立,同样存在与之适应的理论根源与理论依据。

需要注意的是,商标在先使用制度是商标权权利限制制度的部分,商标权权利限制制度依托的法理基础对商标在先使用制度同样适用。但商标在先使用与其他商标权权利限制类型毕竟是不同的,有其独有的特征和属性,而且商标在先使用制度作为本书研究的重点,必须对其理论基础予以更深的探讨与挖掘。

(一) 劳动价值理论

洛克认为,"无论是人的身体所从事的劳动还是他的双手所进行的工作,其成果都应当公正地属于他"⑤。根据这一学说,只要他人经过劳动,并产生相应成果,此种成果能够脱离自然而独立存在,这一成果就自然地成为其个人财产的一部分。因为人对其自身享有所有权,故其对自身的劳动成果亦应享有所有权。⑥简单言之,他人经过劳动,无论是智力劳动还是体力

---

① 参见《商标法》第 59 条第 3 款。
② 参见王莲峰:《商标先用权规则的法律适用——兼评新〈商标法〉第 59 条第 3 款》,载《法治研究》2014 年第 3 期,第 12 页。
③ 参见北京知识产权法院(2015)京知民终字第 588 号民事判决书。
④ [法]孟德斯鸠:《论法的精神》,彭胜译,当代世界出版社 2008 年版,第 1 页。
⑤⑥ [英]约翰·洛克:《政府论》下册,叶启芳、翟菊农译,商务印书馆 1983 年版,第 19 页。

劳动①产生的成果,无论是实物成果还是智慧成果,因成果中凝聚了他人无差别的人类劳动,则成果当然应公正地属于他。

洛克的劳动财产价值理论折射出的是对劳动的尊重,一方面强调劳动者通过诚实善意的劳动所形成的成果当然应公正地属于此创造者,另一方面强调他人不付出劳动则无法收获成果,变相鼓励社会公众参与劳动创造,在当时是极具进步意义的。

洛克的劳动财产价值理论强调尊重劳动的前提在于满足"存在实质的劳动""通过劳动形成成果""成果能够脱离自然状态而独立存在"三个要件。我们可以根据洛克的劳动价值理论来解释商标在先使用制度存在的合理性。

中国是注册取得制国家,商标权只能通过注册取得,单纯的商标使用行为并不能获得商标权。但是,在特殊情形下,商标使用行为也可以寻求法律保护。原因在于使用人通过使用行为获得了合法利益,且这种使用行为并未违背诚实信用,此时这种合法利益不应该被非法剥夺。

就在先使用人而言,其对在先商标存在长时期的使用行为,并通过自身的努力经营,在一定区域范围内拥有了依靠此在先商标进行认牌购物的相关公众,即其通过自身在先使用行为使相关公众与在先商标之间形成了的稳定联系。这种稳定联系正是商誉的源泉②,是能够被保护的合法利益。总结而言,在先使用人通过使用形成了合法利益,而且这种合法利益可以被评估、被量化,不存在侵犯他人权利的情形,能够脱离自然状态而独立存在,符合洛克的劳动财产价值理论的前提。此时根据洛克提出的劳动财产价值理论学说,在先使用人通过使用行为形成的合法利益应该得到尊重。因此,有必要设定相应的制度保护在先使用人付出的诚实劳动所形成的成果,即

---

① 参见何敏:《新"人本理念"与职务发明专利制度的完善》,载《法学》2012 年第 9 期,第 71 页。
② 符国群:《关于商标资产研究的思考》,载《武汉大学学报》(哲学社会科学版)1999 年第 1 期,第70 页。

商标在先使用制度。诚如学者所言，"商标在先使用是一种正当使用的行为，先用人基于自己在先使用的事实，是一种自然存在的权利"①，"立法是把在先使用作为正当使用的行为之一，在满足相关条件下可以继续使用其商标"②。

同时，根据洛克的劳动财产价值理论学说，可以推导出商标在先使用制度的基本内容。试推演之，要适用商标在先使用制度，在先使用人应付出相应的劳动，即需要存在使用行为。而且，形成的成果可以从自然状态下分离，实质要求形成的成果不得触及或侵犯其他权利。中国采商标注册取得制，他人通过注册可以获得商标权，因此使用人通过劳动形成的成果只能是他人申请商标注册前的成果。一旦该在先商标被他人申请，在先使用人也难以通过劳动使该成果从自然状态下分离，自然不应获得保护。因此保护的合法利益应是商标申请注册之日前通过劳动形成的"既存状态"，因此，一方面要求在先使用人的使用行为应先于商标权人注册，为"使用在先"，另一方面限定在先使用人的继续使用行为只能在已经形成"既存状态"的范围内行使，对在先使用人的继续使用范围施以"原使用范围"的行使限制。

当然，需要指出的是，我们并不能完全照搬洛克的劳动财产价值理论来设定对商标在先使用制度的内容。比如，基于劳动财产价值理论学说，任何通过诚实善意的劳动，产生能够脱离自然状态而独立存在的相应成果的行为，都应该被尊重。③如果在先使用人付出了诚实善意的劳动，并且先于商标权人注册和使用，不存在任何攀附权利人声誉的情况，那么其产生的合法利益都应该被保护，而不能因为在先商标未达到"一定影响"的要求去剥夺在先使用人的合法利益。从尊重诚实善意的劳动成果这一视角来说，对在先商标施以"一定影响"的限制缺乏正当性基础，即商标在先使用制度中不

---

① ②　王莲峰：《商标先用权规则的法律适用——兼评新〈商标法〉第 59 条第 3 款》，载《法治研究》2014 年第 3 期，第 13 页。
③　参见［英］约翰·洛克：《政府论》下册，叶启芳、翟菊农译，商务印书馆 1983 年版，第 19 页。

应设定"一定影响"这一要件。本书认为,劳动是在先使用人获得保护的必要条件,但并非充分条件。从商标的保护价值出发,若不存在一定范围内相关公众对在先使用人使用行为的认同,则无法形成足够的可供保护的合法利益,而若不存在足够的可供保护的合法利益则不具有被保护的价值。因此,应要求在先使用人的使用达到"一定影响"的程度,使用人才可以主张商标在先使用制度保护。[①]

简而言之,我们可以根据洛克的劳动价值理论学说来解释商标在先使用制度存在的合理性,并作为理论佐证之一,构建商标在先使用制度中的具体内容。

(二)"先到先得"的朴素正义观

"先到先得"其实是一句俚语,英文表述为"First Come First Served",通常用于喻示行动快的人先得到所求之物。"先到先得"的朴素正义观与民法中的"先占"相似,喻指"从最简单、朴素认知出发,谁先接触该无主财产,谁就拥有该无主财产的所有权,此为正义"。

运用到商标领域,从最简单、朴素的正义观出发,在先商标并未被他人申请注册且不存在任何侵犯他人权利的情况下,商标在先使用人作为最先使用该在先商标的主体,理应获得该在先商标的所有权,如此才符合"先到先得"的朴素认知。此理论恰恰是支撑商标使用取得制度的基础。如在美国,一般情况下判断他人是否获得商标权的关键,在于其提供的证明最早使用该商标的时间是否先于任何第三人,即最早使用该商标的使用人才是真正意义上的商标权人。

但是中国是商标注册取得制国家,在商标注册取得制度这一制度背景下,商标所有权的获得只能是通过注册,而非使用。在单一的注册主义下,谁先注册,谁就获得该商标的所有权,此时同样存在"先到先得"的情况,不

---

① 关于此点,参见后文详析。

过此"先到先得"指的是谁先注册谁就获得商标权。因此从商标法律制度来看，商标注册人可以基于其在先注册行为获得商标权，这符合"先到先得"的朴素正义观。但是，在先使用人虽然丧失了获得该商标所有权的条件，不过在他人申请商标注册之前，其通过在先使用这一"先到"行为获得的合法利益理应获得保护，这同样是"先到先得"这一朴素正义观的要求。不能用后一种"先到先得"观否定前一种"先到先得"观的朴素正义性，应坚持统一的"先到先得"的朴素正义观认知。换言之，虽然在先使用人无法获得该商标的所有权，但是在他人申请商标注册前，已经通过"先到"所形成的"既存状态"理应获得保护。

如此即证明，根据"先到先得"的朴素正义观，在商标申请注册之日前，在先使用人通过在先使用行为获得的合法利益应该获得相应保护。设定必要的法律制度保护在先使用人合法利益具有合理性，即可用"先到先得"的朴素正义观解释商标在先使用制度存在的合理性。

根据"符号价值理论"[①]，商标的注册并不会产生价值，唯有通过对商标进行使用，形成商标与相关公众之间的稳定联系，或存在特定的依靠此商标以区别商品或服务来源的相关公众时，商标才具有价值。换言之，商标的价值来源于使用，使用是商标活的灵魂。[②]对于商标在先使用而言，在先使用人已经通过其在先使用行为，使该商标与相关公众之间形成了特定联系，并且通过在先使用形成了一定的商誉，或者说凝结了相应的合法利益。在先使用人已通过"先到"形成了稳定的合法利益。从最简单、朴素的正义观出发，尽管在后注册人通过注册获得了该商标的所有权，但是，其并不能依此而剥夺在先使用人此前通过"先到"行为获得的在先商标与相关公众之间的

[①]　鲍德里亚（Jean Baudrillard）指出，商品不仅包含价值和使用价值，还包含符号价值；特别地，作为人类消费行为社会属性的体现，符号价值不仅反映商品的自然属性，还具有社会属性。转引自姜奇平：《符号价值》，载《互联网周刊》2013 年 5 月 28 日。

[②]　参见王莲峰：《论商标的使用及其认定——基于〈商标法〉第三次修改》，载《公民与法》2011 年第 3 期，第 2—5 页。

"稳定联系",在先使用人基于这种"稳定联系"产生的合法利益应该获得法律的保护。①因此,根据"先到先得"的朴素正义观,应设定相应的法律制度,保护这种在先使用并产生合法利益的"先到"行为,商标在先使用制度的存在具有合理性。但需要注意的是,只有通过"先到"行为产生了足够的可供获得保护的合法利益,才可以适用"先到先得"主张保护,并非所有情形均可以适用"先到先得"。

需要说明的是,朴素的认知或朴素的正义观存在相应的局限,其不得与商标法律制度相违背。在商标取得制度上,中国采取注册主义,单纯的使用行为不能获得商标权,获得商标权的唯一方式是注册。因此,在商标制度体系之内,根据"先到先得"的朴素正义观,在先使用人通过对在先商标进行使用这一"先到"行为,既不能获得该在先商标的所有权,也不能获得通过在先使用行为所形成的合法利益的所有权。在先使用人仅可主张对此合法利益进行保护,并主张继续维持通过"先到"行为所形成的既存状态。这也是后文中强调从实然法的角度论述商标在先使用并非"权利"的缘由之一。

（三）利益平衡理论

"利益平衡,是在一定的利益格局和体系下出现的利益体系相对和平共处、相对均势的状态。"②实现利益平衡是法律追寻的终极目标。之所以说利益平衡理论是商标在先使用制度存在的理论基础,是因为就某种程度而言,商标在先使用制度的设置正是基于利益平衡考量的结果。

在商标权人申请或使用其商标之前,在先使用人已经先于其使用该商标,并通过其诚实善意的劳动,使在先商标在一定区域内达到"一定影响"的程度,产生了足够的可供保护的合法利益。但是,由于中国采用单一注册取

---

① 曹新明教授在《商标先用权研究——兼论我国〈商标法〉第三修正案》中认为,商标在先使用制度依据的理论据中应包括"先用理论",同样印证了"先到先得"这一简单朴素的正义观。参见曹新明:《商标先用权研究——兼论我国〈商标法〉第三修正案》,载《法治研究》2014 年第 9 期,第 19—21 页。

② 冯晓青:《知识产权法的利益平衡原则:法理学考察》,载《南都学坛》2008 年第 2 期,第 88 页。

得制，唯有注册才可以获得商标权，在立法规定商标在先使用制度之前，无法寻求通过《商标法》保护在先使用人通过在先使用行为产生的合法利益。因此在先使用人的合法利益无法实现，甚至存在被剥夺的可能，最终造成结果的不公平。

换言之，在商标在先使用制度设立之前，在先使用人通过其在先使用行为所获得的合法利益基本难以通过《商标法》受到保护，实质上在竞争市场中造成利益失衡局面。这种利益失衡的局面是指过分强调对注册人权利的保护，忽视对在先使用人通过善意的在先使用行为所产生利益的保护。为纠正利益失衡的不利局面、实现在先使用人合法利益与商标权人利益平衡的目的，法律要求设立这样一种商标制度，在保障在先使用人合法利益实现的同时，保护商标权人权利不被过分削弱，商标在先使用制度由此形成。

在保障在先使用人合法利益实现的过程中，实质会损害商标权人的权益，因为一旦对在先使用人的合法利益进行保护，就相当于赋予了在先使用人一种对抗商标权人禁止权的手段，商标权人的权利无法完全实现。换言之，若要对这部分合法利益进行保护，商标权人就必须作出让步。因此，在构建商标在先使用制度时，需要协调好在先使用人合法利益与商标权人利益之间的冲突，既要保障在先使用人合法利益的实现，又要限制在先使用人对其在先商标的行使，以便合理分割在先使用人的合法利益与商标注册权人的利益。

譬如，对在先使用人继续使用范围的界定，直接关涉到在先使用人合法利益与商标权人利益的分割。"原使用范围"的界定不合理将直接导致在先使用人利益与商标权人利益的失衡，并且有失公平。可以说，对在先使用人继续使用范围的界定，基本依赖于利益平衡理论。缺乏利益平衡理论作为根本指导，形成的"原使用范围"界定规则就会偏离立法本意。再如，在先使用人应存在"在先使用"的客观事实，同时使用产生"一定影响"，且在主观善意的前提下,在先使用人才可以援引在先使用制度保护自己的权益。之所以设定如此严格的适用前提,关键的原因在于在对在先使用人合法利益进行保护的同时,不对商标权人的权利空间造成不合理的挤压。实质而言,该等规则的设置还是基于平衡在先使用人合法利益和商标权人利益的考量。只有明确这一目的,并将其作为根本价值追求,商标在先使用制度适用才不会偏离立法本意。

在构建商标在先使用制度时,除平衡在先使用人利益、商标权人利益之外,还需要平衡相关公众的公共利益。涉及相关公众的公共利益主要体现在:其一,已经存在依靠在先商标识别商品或服务来源的相关公众,该在先商标与相关公众之间形成了稳定的联系,若不保护在先使用人形成的合法利益,直接以构成侵权为由不允许在先使用人继续使用该在先商标,相关公众依靠该在先商标以区别商品或服务来源的公共利益将会消失;其二,若通过立法规定,允许在先使用人可继续使用其商标,那在"原使用范围"内就可能既出现在先使用人提供的商品或服务,又出现商标权人提供的商品或服务,因两者使用商标基本相同或近似,此时依靠商标区别商品来源的功能则可能无法实现,相关公众在购买该商品时,无法区分该商品或服务是来源于商标权人还是在先使用人,容易对商品或服务来源产生混淆、误认,由此造成相关公众不被混淆、误导的公共利益受损。

因此,在构建商标在先使用制度时,出于对相关公众公共利益的维护,法律既要求对依凭在先商标进行认牌购物的相关公众利益进行保护,保护的方式是承认在先使用人在原使用范围内可继续使用其在先商标,又要求避免相关公众对相同或近似商标所附商品或服务来源发生混淆或误认,避免的方式主要是在混淆可能的情形下要求在先使用人附加适当区别之标识。

从上文的分析可知,为消除利益失衡带来的不公平结果,法律要求商标权人作出适当让步,并赋予在先使用人对抗商标权人禁止权的手段。同时,为维护利益平衡的最终实现,法律对在先使用人适用商标在先使用制度设定严格的前提条件的同时，对其继续行使施以严格限制，并保障相关公众的公共利益不受损失，以此增设商标在先使用制度。因此，可以根据利益平衡理论来解释商标在先使用制度存在的合理性。可以说，利益平衡既是构建商标在先使用制度追寻的目标，又是解决在先使用人与商标权人冲突的关键。商标在先使用制度实质就是平衡商标在先使用人通过使用形成的合法利益、商标注册权人利益以及社会公众公共利益之间的规则天平。①该制度中的具体内容设置，以及未来适用，应以平衡此三者利益为根本目标。利益平衡理论贯穿商标在先使用制度的始终。

（四）兼顾公平正义与效率的价值追求

关于衡量"公平"的标准，著名学者西塞罗（Marcus Tullius Cicero）有非常经典的界定，他认为"公平"应达到不伤害他人和有利于公共利益两个要求。②而对于"正义"的理解，著名学者约翰·罗尔斯（John Rawls）认为，"正义应是社会制度的首要价值"③，"任何与其相悖的规则、制度，即使该规则、制度被安排得如何有效率，或能通过设置该规则、制度产生多大的经济价值，也应该被修正或取缔"④。"效率"更多强调通过制度实现资源优化配置，促进经济发展。⑤"公平正义与效率被不同时代的人们共同视为理想社会不可或缺的标志，成为人们世代追求的最高理想和目标之一。"⑥法律作为调节社会秩序的最重要工具，当然应肩负起维持公平正义与效率的重要使命。

---

① 参见王莲峰：《商标先用权规则的法律适用——兼评新〈商标法〉第 59 条第 3 款》，载《法治研究》2014 年第 3 期，第 12 页。
② 参见[古罗马]西塞罗：《论义务》，王焕生译，中国政法大学出版社 1999 年版，第 21 页。
③ [美]约翰·罗尔斯：《正义论》，谢延光译，上海译文出版社 1991 年版，第 3 页。
④ 同上书，第 3 页。
⑤ 参见韩慧：《法律制度的效率价值追求》，载《山东师范大学学报》（人文社会科学版）2000 年第 1 期，第 11—14 页。
⑥ 苏喆：《把握公平与效率的双重价值取向——论我国商标权取得制度的完善》，载《知识产权》2012 年第 3 期，第 42 页。

中国采用单一的商标注册取得制度，相较于其他商标权原始取得途径，注册取得制度拥有优势：一方面便于对商标进行统一管理，敦促使用人尽早进行商标注册；另一方面便于明确商标权的权利状态，能够及时维护权利人的合法权益。①这种单一的注册取得制度有利于保护商标权利取得的稳定性和有序性，是与中国改革之初的法律环境相适应的。②总体来说，商标注册取得制度在推动经济发展上发挥了重要作用，符合"效率"的要求。但是，单一的商标注册取得制度在某种程度上不利于实现"公平正义"。在单一商标注册取得制度下，使用人无法通过使用获得商标权。在先使用人先于注册人使用，存在客观的在先使用行为，且这种使用在相关公众中产生一定影响，即在先使用人通过商标使用积累了一定的商业信誉，尽管如此，在先使用人依然不能获得该商标的专用权，该商标专用权应归属于通过合法手段获准注册的在后商标注册人。若不存在商标在先使用制度之规定，在后注册人完全可以依据其获准注册的商标权，要求在先使用人停止使用其注册商标，甚至赔偿损失。换言之，在严格的单一商标注册取得制度模式下，即使在先商标使用人付出了大量的诚实劳动，并通过勤劳经营积攒了大量的商誉，也会因为在后商标注册人通过合法手段简单注册而不得继续使用商标，这明显是不公平且不正义的。因此，单一商标注册取得制度在推动经济发展的效率上发挥着重大作用，但难说单一商标注册取得制度完全符合"公平正义"之价值追求，其规定反而造成了不公平的结果，违反了正义的要求。

商标在先使用制度的确立，正是兼顾公平正义与效率这一价值追求的结果。"任何忽视甚至无视商标实际使用情形的商标制度都不可能有效维护商标秩序，最终必然会损害商标权人的利益。"③使用是商标活的灵魂，唯

---

① 参见王莲峰：《商标法学》（第二版），北京大学出版社 2014 年版，第 84 页。
② 参见孔祥俊：《商标与不正当竞争法：原理和判例》，法律出版社 2009 版，第 250—310 页。
③ 彭学龙：《寻求注册与使用在商标确权中的合理平衡》，载《法学研究》2010 年第 3 期，第 154 页。

有通过对商标进行实际使用,才可以发挥商标识别商品或服务来源的作用,商标的价值由此产生。强调"使用"的作用,就是要求商标注册取得制度不得忽视"使用"的价值。公平正义和效率作为两种不同的价值追求,两者都很重要,均必不可少,但又难以和谐统一。"既要效率,又要兼顾公平正义。"仅有效率,得到的必定是不正义,但也不能因公平正义而完全罔顾效率。尽管当前因适用商标注册取得制度暴露出诸多局限,如恶意抢注、恶意囤积、在先使用人利益难以获得保护等,但是从现今经济发展的现实需要与中国商标法发展的客观历史进程来看,商标注册取得制度总体上仍然是推动经济发展的稳定器,符合"效率"的价值要求。但是"既要效率,又要兼顾公平正义",就应承认"使用"的价值。从在先使用人利益保护的角度而言,在先使用人通过在先使用行为创造合法利益的过程中,使用人主观上为善意,其在商标申请注册之日前对在先商标的使用并不存在任何伤害他人的行为,在特定要件下对在先使用人合法利益进行保护可以消除注册取得制度下造成的不公平结果,即有利于公共利益,符合西塞罗关于"公平"的标准;同时,这种不公平结果的消除实际就代表了正义的实现。因此,在不触及商标注册取得制度根本的前提下,保障在先使用人通过在先使用行为获得的合法利益,应是"公平正义"的需要。确立商标在先使用制度,正是"兼顾公平正义与效率的价值追求"的结果。

总结而言,商标在先使用是商标权权利限制的重要类型,在先使用人通过诚实劳动所创造的成果理应得到尊重,对商标在先使用人"使用在先"客观事实的保护符合"先到先得"的朴素正义观,同时在先使用制度的设立实质是为平衡在先使用人的合法利益、商标注册权人的利益和社会公众的公共利益的需要,在先使用制度的设立与适用离不开利益平衡理论的支撑,在先使用制度的创设还是兼顾公平正义与效率这一价值追求的结果。"劳动价值理论""'先到先得'的朴素正义观""利益平衡理论"和"兼顾公平正义与效率的价值追求"是商标在先使用制度存在的坚实的理论基础。

三、商标在先使用的性质探究

由于立法对商标在先使用制度的内容规定较为简单,且并无关于商标在先使用的定性,因此,理论界一直存在关于商标在先使用性质的研究和探讨,并形成诸多学说,具体包括在先权利说、自然权利说、民事权利说、抗辩权说等。

(一)商标法中的在先权利说

有学者将商标在先使用的性质认定为"在先权利"。该学者在其著作中明确言明:"从广义的角度进行阐释,法定权利之外的'先用权',以及其他民事法律制度保护的合法权益都属于在先权利。"[①]其认为,这种在先权利应既包括法律条文中明确规定的有名权利,比如著作权、肖像权,同样须包括其他应受民法保护但未被纳入法律明确规定的权利。换言之,这种广义的在先权利并不以具体的法律条文规定为依据,凡是能够产生受民法保护的法益,就应该属于广义的在先权利的范畴。而判断这种法益是否应受民法保护,应根据是否符合民事法律制度的基本原则进行认定。"商标在先使用"的性质之所以能够被其认定应纳入在先权利的范畴,就是因为在先使用人通过其诚实的在先使用行为,产生了可供保护的合法利益,而这种合法利益应受到民法的保护,属于受民法保护的法益,因此商标在先使用应为"在先权利"的一种。[②]

但是,从结果上进行推论,尚且不论将商标在先使用定性为"权利"正确与否,如果将商标在先使用视为商标法中的"在先权利",那在先使用人完全可以依据《商标法》第 32 条权利冲突条款[③]阻止在后注册人获准其商标注册,而不必寻求《商标法》第 59 条第 3 款的庇护。因为商标在先使用属于

---

①② 凌斌:《"肥羊之争":产权界定的法学和经济学思考——兼论〈商标法〉第 9、11、31 条》,载《中国法学》2008 年第 5 期,第 176 页。

③ 参见《商标法》第 32 条:"申请商标注册不得损害他人现有的在先权利。"

"在先权利"的一种，在此推论下，在先使用人对其在先使用的商标享有"权利"，其完全可以依凭该"权利"阻止任何第三人获准注册该在先商标，实质在先使用人成为该商标的所有权人，且有权禁止他人注册与使用，从另一个层面表明商标在先使用人通过在先使用行为实质获得了与商标注册权人同等的权利。但中国采用单一商标注册取得制，获得商标权只能通过注册，使用并不能获得商标权。由此推知，将商标在先使用定性为一种"在先权利"不仅违背了商标注册取得制度的精神，还导致《商标法》第59条第3款的规定变得毫无意义。因此本书认为，将商标在先使用定性为"在先权利"并不正确。

当然，必须作出说明的是，认定商标在先使用的性质为"在先权利"的观点大多见于《商标法》第59条第3款规定出台前。之所以如此主张，关键在于在当时立法环境下，在先使用并产生一定影响的在先使用人合法利益难以通过商标法获得保护，主张依据商标法中确立的权利在先条款对在先使用人合法利益进行保护也是不得已为之，司法实践中也存在依权利在先条款对在先使用人合法利益进行保护的案例，如"诸葛酿"案①。但是，根据上文论述可以推知，无论是在立法规定商标在先使用之前，还是之后，将商标在先使用定性为"在先权利"并不恰当。

（二）自然权利说

同样，有观点认为商标在先使用的性质应为"自然权利"。其主张，在先使用人基于自身在先使用的事实，经过诚实善意的劳动而创造的合法利益，这种合法利益理应受到法律的保护。基于此，"在先使用人在原有范围内继续使用该在先商标，具有正当性，属于商标法中的'正当使用'行为"②，"先

① 参见广东省高级人民法院（2006）粤高法民三终字第95号民事判决书。
② 王莲峰：《商标先用权规则的法律适用——兼评新〈商标法〉第59条第3款》，载《法治研究》2014年第3期，第13页。

用人基于自己在先使用的事实,是一种自然存在的权利"。①洛克的劳动财产价值理论可以为"自然权利说"提供一定的理论依据。根据洛克的劳动财产价值理论学说,只要他人经过劳动,并产生相应成果,此种成果能够脱离自然而独立存在,这一成果就当然地成为其个人财产的一部分。商标在先使用,即是在先使用人经过对商标诚实善意的在先使用,而产生一定的商誉或合法利益,此种商誉或合法利益能够独立存在,所以在先使用人通过在先使用形成的商誉和合法利益自然属于在先使用人。因此,从某种程度来说,商标在先使用可以被定性为"自然权利"。

"自然权利说"实质是源于对在先使用人诚实劳动成果的肯定为依据的性质说,是从应然法的角度阐释商标在先使用的性质。结合洛克的劳动财产价值理论学说,"自然权利说"的存在具有一定合理性。但是"权利法定",尤其是知识产权法,权利只能由法律规定或创设,在先使用并不能成为获得商标权利的基础。从文义解释来看商标在先使用条款,立法仅规定在先使用人可以在商标注册权人提出侵权请求时依据在先使用进行抗辩,并在原使用范围内继续使用,前者是一种不侵权抗辩权或不侵权抗辩手段,后者在原有范围内继续使用是维持在先商标使用人在先使用的"自然状态",或者是说对这种"自然状态"的维持。因此,从实然法的角度去阐释商标在先使用的性质为一种"自然权利"的主张存在障碍。

(三)民事权利说

除将商标在先使用定性为"在先权利""自然权利"外,部分学者认定商标在先使用性质应为"民事权利"的一种。需要解释的是,"在先权利"应包含在"民事权利"之内,之所以将"在先权利"单列出来,一是因为确实存在将商标在先使用直接定性为"商标法中在先权利"的观点,二是因为《商标法》

---

① 王莲峰:《商标先用权规则的法律适用——兼评新〈商标法〉第 59 条第 3 款》,载《法治研究》2014 年第 3 期,第 13 页。

第 32 条中包含"在先权利",有益于进行参照、比对,从而更直接地解释商标在先使用的性质。

　　之所以将商标在先使用的性质认定为"民事权利",主要理由包括以下四点。第一,在先使用人同民事权利人一样,对其经过诚实善意劳动所创造的合法利益享有一定占有、使用、收益和处分的权利。[①]第二,虽然《商标法》仅规定在先使用人只可在原使用范围内继续使用其商标,商标权人对该继续使用行为无权禁止,并未明确使用"先用权"之表述,但是"无权禁止"即表明在先使用人"有权使用"。这种"有权",恰巧印证了在先使用人具有相应的民事权利。[②]第三,利益与权利之间存在转化的可能性,"利益权利化"[③]是完全有可能实现的。立法增设商标在先使用的规定,即是认可在先使用人通过在先使用行为所产生的利益已被上升到权利层面。[④]第四,还有学者借鉴了《日本商标法》关于商标在先使用的性质定性,认为从《日本商标法》关于商标在先使用规定的条文结构来看,其将商标在先使用规定在权利部分,而非权利的限制部分。[⑤]因此从该结构安排来看,《日本商标法》实质将商标在先使用定性为"权利"的一种。

　　但是,本书认为,将商标在先使用定性为"民事权利"仍然存在障碍。之所以认定商标在先使用并非"民事权利",主要是因为在先使用人无法享有一般民事权利主体所享有的权利内容。一般民事主体享有的权利内容主要包括以下几个方面:第一,该民事主体享有法定的权利,实现该权利的方式

---

① 参见刘贤:《未注册商标的法律地位》,载《西南政法大学学报》2005 年第 3 期,第 110—114 页。

② 参见黄汇:《商标使用地域性原理的理解立场及适用逻辑》,载《中国法学》2019 年第 5 期,第 89 页。

③ 全国人大常委会法制工作委员会民法室编:《中华人民共和国侵权责任法解读》,中国法制出版社 2010 年版,第 10 页。

④ 参见倪朱亮:《商标在先使用制度的体系化研究——以"影响力"为逻辑主线》,载《浙江工商大学学报》2015 年第 9 期,第 76 页。

⑤ 《日本商标法》将商标在先使用规定在第 32 条,从结构安排来看,第 32 条是关于"商标权"的规定。

既包括积极作为,也包括消极不作为,其权利的实现形式并无严格限制;第二,权利义务相对,负有义务的相对人在被要求下,应承担相应的责任;第三,在该民事主体所享有的法定权利被侵害的情况下,其可以请求法律对其进行保护。中国采用单一商标注册取得制,注册才能取得商标权。虽然依据商标在先使用制度,在先使用人可以继续使用该商标,不过在先使用人仅可在商标权人提请侵权之诉时,依据商标在先使用制度进行不侵权抗辩,而不能依据商标在先使用制度要求他人作为或不作为。换言之,在商标权人提请侵权之诉前,商标在先使用制度并不发挥任何作用,在先使用人依然按照之前的经营方式进行商标使用,仅在商标权人提请侵权之诉时,在先使用人才需依据商标在先使用制度进行不侵权的抗辩。无论是在商标权人提请侵权之诉前还是提请侵权之诉时,在先使用人均不能依照商标在先使用来要求他人作为或不作为。在先使用人无法享有一般民事权利主体所享有的权利内容,因此商标在先使用并非"民事权利"。

而且,立法增设商标在先使用规定,并不代表商标在先使用人的利益已被上升到权利的范畴。虽然"权利法定",但立法仅支持满足构成要件的在先使用人可在原使用范围内继续使用,并未在立法原文中直接使用"先用权"或者"先使用权"来表述商标在先使用,仅依靠立法规定难以证明利益已上升为权利。事实上,利益要上升为权利,除需要具备法律认可外,还必须满足权利的其他构成要素,尤其是主体性、意志自由性和社会评价的正当性。[1]从上文可推知,立法仅认可在先使用人在原使用范围内继续使用其在先商标,除此之外并未赋予在先使用人任何其他权利,在先使用人无权禁止他人使用该在先商标,更无权向他人要求损害赔偿,在先使用人不能依照商标在先使用而要求他人作为或不作为,很难说完全实现了"主体的行为意志

---

[1] 权利四要素分别为"主体的行为意志自由要素、主体的肯定性利益能力要素、社会评价的正当性要素,以及社会规范的认同和保障要素"。参见菅从进:《权利四要素论》,载《甘肃政法学院学报》2009 年第 2 期,第 9—18 页。

自由"。这里所说的"主体的行为意志自由"恰如图加林诺夫对"意志自由"的界定："从最一般的意义来说,能够按照自己的意志、自己的目的来行动,而不是按照外界的强制或限制来行动,就叫作自由。"①

另外,虽然《日本商标法》将商标在先使用规定在权利部分,而非权利的限制部分,但是除了早期有部分日本学者认为商标在先使用应被定性为"民事权利"以外②,现今学者基本一致认为,在先使用人不能依凭商标在先使用获得"权利"③,其仅可依凭商标在先使用进行抗辩,而不具有排他之权利。之所以仍将商标在先使用规定在"权利"部分,主要还是基于立法沿革的考量。

(四) 抗辩权说

当前,关于商标在先使用性质的认定,较为主流的观点是将其定性为"抗辩权"。其理由在于:立法之所以增设商标在先使用制度,根本原因在于在先使用人通过其在先使用行为,产生了可供保护的合法利益,基于平衡在先使用人合法利益与商标权人利益的需要,法律允许在先使用人在被权利人指控构成商标侵权时,可以依其客观使用的在先事实并已产生一定影响而对抗权利人的请求,并可继续使用该在先商标。因此,设定商标在先使用的根本目的在于通过赋予在先使用人抗辩权以对抗商标权人的禁止权,从而维持在先使用人通过在先使用行为形成的既存状态,保护在先使用人的合法利益。

---

① ［苏联］图加林诺夫:《论生活和文化的价值》,生活·读书·新知三联书店 1964 年版,第 69 页。

② 即使在早期,多数学者也认为商标在先使用并非权利。比如,三宅发士郎认为,"规定商标在先使用无非就是保护善意使用人可以继续使用达到广为认知程度的商标";兼子一、染野义信认为,"与其说商标在先使用是权利,不如说就是免于商标权人禁止使用的限制、得以继续使用的一种事实关系"。具体参见［日］三宅发士郎:《日本商标法》,严松堂书店 1931 年版,第 252 页;［日］兼子一、染野义信:《特许·商标》(实务法律讲座),青林书院 1957 年版,第 567 页。

③ 代表性学者包括纲野诚、丰崎光卫、小野昌延等。具体参见［日］纲野诚:《商标》,有斐阁 2002 年版,第 780—781 页;［日］丰崎光卫:《工业所有权法》(法律学全集),有斐阁新版增补 1980 年版,第 420 页;［日］小野昌延:《商标法概说》,有斐阁 1999 年版,第 249 页。

但是,之所以认定商标在先使用为"抗辩权",而非"民事权利",主要是因为在先使用人仅可以依凭商标在先使用制度进行不侵权抗辩,在商标权人提出侵权主张后,符合"商标在先使用"要件的在先使用人只能在原范围内继续使用该在先商标,不得授权给任何第三人使用,同时也不可以向任何第三人转让该在先商标,否则直接视为侵犯商标权。①因此,商标在先使用仅给予了在先使用人对抗商标权人禁止权的效力,或者对抗商标权人请求其停止侵权、赔偿损失等的效力。也就是说,商标在先使用本身只具有对抗效力。因此,商标在先使用的性质应为"抗辩权"。

而且,商标在先使用完全符合抗辩权的属性。商标在先使用是与商标权人请求权相对应的权利,其既具有抗辩权的对抗性,又兼具抗辩权的防御性。从对抗性的角度来说,抗辩权的根本在于对请求权的阻却。阻却并非指完全否定商标权人的禁止权或请求权,商标权人当然有权利根据法律赋予的禁止权,请求任何侵权人停止侵害、赔偿损失,但是若存在商标在先使用,在先使用人可以依凭商标在先使用制度阻却商标权人请求权的实现,此时商标在先使用制度就相当于法律赋予在先使用人的一种抗辩,在先使用人可以依凭商标在先使用制度对商标权人的请求权予以阻却。细言之,法律赋予商标权人以禁止权,在发现第三人对其商标侵权时,商标权人有权向法院提起诉讼,请求法院判决第三人停止侵权、赔偿损失等。商标在先使用是指存在客观在先使用行为并产生一定影响的在先使用人,在商标权人提出侵权指控时,可对抗商标权人的请求,并继续使用该在先商标。也就是说,商标在先使用实质是在先使用人对抗商标权人请求的一种抗辩,在商标权人提出请求后,在先使用人依凭商标在先使用予以对抗,不承担停止侵权等侵权责任。因此,商标在先使用符合抗辩权的对抗性特征。

从防御性的角度来说,商标在先使用当然符合抗辩权的防御性特征。

---

① 参见曹新明:《商标先用权研究——兼论我国〈商标法〉第三修正案》,载《法治研究》2014 年第 9 期,第 16—19 页。

若不存在商标在先使用制度,即使在商标权人未提出侵权请求的情况下,在先使用人使用在先商标的行为依然构成对商标权人权利的侵犯,在先使用人应立即停止侵权。商标在先使用制度确立后,在先使用人可以依凭商标在先使用制度阻却商标权人的侵权请求,即使商标权人未对在先使用人提出侵权请求,在先使用人依然可以继续使用该在先商标,而不用担心可能构成对商标权人的权利侵犯。进一步而言,商标在先使用制度的确立,为在先使用人继续使用该在先商标提供了合法根据,在先使用人可以依凭商标在先使用的防御性,继续使用在先商标而不必担心承担责任。同样,防御与主动相对,在先使用人不能在发现商标权人商标后,向法院提出请求,要求主动适用商标在先使用规定,必须要等到商标权人向法院提出侵权请求后,在先使用人才可以援引商标在先使用的规定。由此观之,商标在先使用是一种被动防御。因此,商标在先使用与商标权人请求权相对,既有抗辩权的对抗性,又兼具抗辩权的防御性,可以将其认定为一种"抗辩权"。①

但是,从严格意义上来说,将商标在先使用定性为"抗辩权"也并不准确。从民法关于民事权利的分类来看,抗辩权属于民事权利中权利的作用之一,依然属于"权利"的范畴。对于在先使用并产生一定影响的在先使用人来说,法律仅赋予其对抗商标权人禁止权的手段,但并非赋予其"在先使用权"或"继续使用权"。之所以如此认为,主要原因以下几点。

首先,对商标在先使用性质的探讨,应从商标在先使用入法的角度出发,考虑当时的立法目的,基于当时立法本身的语境,从商标法保护新的价值取向去理解。"商标在先使用"之所以入法,核心在于商标法立法的价值取向由原来单纯保护注册商标发展成在保护注册商标专用权的前提下重视

---

① 持"抗辩权说"的学者包括杜颖:《商标先使用权解读——〈商标法〉第 59 条第 3 款的理解与适用》,载《中外法学》2014 年第 5 期,第 1359—1361 页;李扬:《商标在先使用抗辩研究》,载《知识产权》2016 年第 10 期,第 4 页;张鹏:《〈商标法〉第 59 条第 3 款"在先商标的继续使用"评注》,载《知识产权》2019 年第 9 期,第 13 页,等等。

对商标的"实际使用",即既重视对注册商标专用权的保护,又重视对在先实际使用且达到一定影响的未注册商标的保护。"商标在先使用制度是对'使用'价值的立法确认。"①但对在先使用商标的保护不得动摇商标注册取得制度的根基。换言之,在中国,取得商标注册专用权的形式只能是注册,但是法律也对商标实际使用行为予以相应保护,不过这种保护不能是以授予独立实体权利的形式存在,否则使用与注册都能获得"排他权",必定会对单一注册取得制造成冲击。这种保护以"不侵权抗辩手段"的形式存在具有合理性。通过法律规定允许符合商标在先使用构成要件的使用人可在原使用范围内继续使用其在先商标,在商标权人提出相应侵权请求时,在先使用人可以通过商标在先使用的规定进行不侵权抗辩,实质就是对"实际使用"的确认,对使用形成的"自然状态"的保护回应了商标法新的价值取向。

其次,从使用行为本身来说,《商标法》并未禁止他人使用未注册商标,他人对未注册商标的使用完全符合《商标法》规定②,此时他人对未注册商标的使用行为并不会产生任何权利,应是一种事实行为或纯使用行为。但若此未注册商标被第三人核准注册后,第三人对未注册商标的继续使用行为,根据《商标法》的规定就是一种侵权行为,因为其继续使用已经产生了权利障碍,落入商标权人的权益保护范围。不过,若他人在商标权人注册该在先商标前,存在在先使用的客观事实,且使在先商标达到一定影响的程度,此时其可以根据商标在先使用制度进行不侵权抗辩。但是,在这种情况下,他人对未注册商标的在先使用行为依然是一种事实行为或纯使用行为,并不会因为商标在先使用制度的规定或他人的注册行为发生改变。法律之所以规定商标在先使用制度,本质上还是对这种达到一定影响的在先使用事实行为或使用行为的承认与保护。换言之,商标在先使用与一般的在先使

---

① 孙国瑞、董朝燕:《论商标先用权中的"商标"与"使用"》,载《电子知识产权》2016 年第 8 期,第 65 页。

② 《商标法》规定的应强制注册的商品或服务类别除外。

用行为本质上并无差异，并不会因为法律赋予在先使用人对抗商标权人禁止权的手段发生变化，即商标在先使用不可能上升到"权利"的范畴。此时，商标在先使用的实质作用或功能应是一种不构成侵权的抗辩手段。

而且，从某种意义上来说，尽管多数学者认定商标在先使用的性质为"抗辩权"，但实质依然是在强调商标在先使用是"抗辩手段"。之所以出现"某权"的说法，主要原因在于早期学者均以"先用权"或者"先使用权"的提法来代替"商标在先使用"，而"商标在先使用"实质发挥的是抗辩的作用，或具有抗辩的性质，在先入为主的观念影响下，学者均以"抗辩权"来定性"商标在先使用"。另外，从一些论著中可以发现，尽管一些学者认定商标在先使用为"抗辩权"，但是在论证其性质为抗辩权之前，一般会在文中强调商标在先使用并非独立的民事实体权利或民事权利的一种，实质还是将商标在先使用认定为一种"不构成侵权的抗辩手段"。

最后，从条文结构安排上来看，商标在先使用规定在《商标法》第 59 条第 3 款，其被安排在权利范围规定①和侵权类型规定②之后。而《商标法》第 59 条第 1 款是叙述性商标合理使用的规定，第 59 条第 2 款是关于功能性商标合理使用的规定，两者都属于对商标权的限制或侵权例外规定。③因此，从逻辑上观之，商标在先使用也应是商标权限制或侵权例外的类型，而不能是权利本身。并且，商标在先使用发挥的作用与民事权利中抗辩权的作用基本相似，将其认定为"不构成侵权的抗辩手段"并无不妥。因此，从对立法规定的内容解释来看，商标在先使用的性质应为一种对抗商标注册权人禁止权的抗辩手段。

"在'事实'或存在的角度、'然'或'是'的程度上，'法'可分为必然法、应

---

① 参见《商标法》第 56 条。
② 同上，第 57 条。
③ 杜颖：《商标先使用权解读——〈商标法〉第 59 条第 3 款的理解与适用》，载《中外法学》2014 年第 5 期，第 1359—1361 页。

然法和实然法。必然法即客观规律,它是事物固有的法则,所以叫客观法;应然法是人所理想的法,它是被人认识到的做人之道,因而可以称为道义上的法;实然法是由当权者所认可或创制的行为规则,可以叫权威性法。"①以上对商标在先使用性质的探讨,实质还是从立法规定即实然法的角度得出的认知。

不过,从应然法的角度理解,商标在先使用可以被视为一种"自然权利"。从朴素的认识论来看,或从最简单的道义出发,"谁创造谁拥有",在先使用人通过自己的使用行为创造的利益,在不存在侵犯任何他人权利的情况下,当然应归属于此创造人即在先使用人,对这种合法利益进行保护具有道德的正当性,任何人都不得剥夺在先使用人的权益,在先使用人天然地对这部分合法利益具有所有权或支配权。此时从应然法的角度可以认定,商标在先使用应是"权利"的一种,在先使用人对其创造的合法利益享有占有、使用、收益和处分的权利,不过"民事权利"本身是由民法典等民事法律制度首先进行类型化的,对于未被类型化的权利可以归为"自然权利"②的一种。但是,由于中国采用单一注册取得制,使用并不能取得商标权,从立法规定的视角出发,在先使用并不能获得"权利",在先使用人对其所创造的合法利益享有所有权或支配权的说法是完全错误的。因此,只能从应然法的角度认定商标在先使用性质为"自然权利"的一种,但从实然法来看,此种认定并不正确。

综上,本书最终认为,"商标在先使用"并非一种独立存在的实体权利,从实然法的角度出发只能将其视为一种"不构成侵权的抗辩手段",从应然

① 严存生:《"法"的"存在"方式之三义:必然法、应然法、实然法》,载《求是学刊》2015年第2期,第68页。
② 需要注意的是,哲学界和法学界关于"自然权利"概念的界定存在一定分歧。本书所指的"自然权利"概念来源于洛克的自然权利理论。该自然权利理论认为,"自然权利"不仅包括"生命、自由和平等",还包括"财产",而且"财产"应是至关重要的"自然权利"。参见[英]约翰·洛克:《政府论》下册,叶启芳、翟菊农译,商务印书馆1983年版,第19—20页。

法的角度出发可将其性质认定为"自然权利"的一种。必须作出说明的是，尽管本书承认从应然法的角度可将"商标在先使用"定性为"自然权利"，但上文已言明，在现有立法规定的前提下，将其性质认定为"自然权利"存在障碍，对"自然权利"的承认仅存在于"理想状态"或"道义状态"。①据此，本书关于商标在先使用制度的研究是建立在商标在先使用的性质为一种"不构成侵权的抗辩手段"这一性质论基础之上的，是从实然法的角度出发开展的对商标在先使用制度的研究。

　　基于对商标在先使用性质为"不构成侵权的抗辩手段"的理解，本书建议，为廓清商标在先使用的性质，应尽量避免以"先使用权"②、"先用权"③"商标在先使用权"④等术语来继续表述"商标在先使用"。因为，正如上文所分析的那样，商标在先使用的性质并非民事权利，继续以"某权"的提法表述商标在先使用容易使他人误认为商标在先使用为"权利"的一种，尤其是在知识产权领域，更容易让人产生商标在先使用为"权利"的误解，所以并不合理。因此本书认为，统一称为"商标在先使用"更符合立法之本意。

　　需要区分的是，专利领域存在"先用权"的提法。专利领域同样存在专利在先实施，具体指"在专利申请日之前，他人通过合法手段已经在其产品上使用该专利，或在其产品上做好了使用该专利的准备，在先实施人可在原有范围内继续使用该专利，不视为侵权"。⑤但是，《专利法》仅将这种在先实施的行为视为不侵犯专利权的情形或事由，是对专利权的权利限制⑥，而并

① 参见严存生：《"法"的"存在"方式之三义：必然法、应然法、实然法》，载《求是学刊》2015 年第 2 期，第 68 页。
② 冯晓青：《商标权的限制研究》，载《学海》2006 年第 4 期，第 141 页。
③ 张玉敏：《论使用在商标制度构建中的作用——写在商标法第三次修改之际》，载《知识产权》2011 年第 9 期，第 11 页。
④ 汪泽：《论商标在先使用权》，载《中华商标》2003 年第 4 期，第 37 页。
⑤ 冯晓青、刘友华：《专利法》，法律出版社 2010 年版，第 216 页。
⑥ 《专利法》第 69 条第 2 款："在专利申请日前已经制造相同产品、使用相同方法或者已经做好制造、使用的必要准备，并且仅在原有范围内继续制造、使用的，不视为侵犯专利权。"

未直接以"先用权"来概括专利在先实施。专利"先用权"的提法其实源于相关司法解释。①在此司法解释中,立法者直接以"专利先用权"来指称专利在先实施这一情形或事由。但其仅是司法解释,并不代表法律认可专利在先实施是一项独立的实体权利。该司法解释将其释为"专利先用权",可能是认为在先实施人通过在先实施行为产生了相应的权益,但是这种权益只能从广义的角度理解,即视为合法利益。进而言之,从权利法定的视角来看,将专利在先实施释为"专利先用权"有待商榷。解释商标领域中的商标在先使用更应避免出现相应错误。值得注意的是,专利在先实施与商标在先使用虽然都是权利限制,但两者适用的制度之间存在较大差异。最本质的差别是,"因该专利内容在专利申请人申请前已经被在先实施人以使用的方式公开,专利在先实施人可以以专利新颖性被破坏为理由直接阻却专利权人获得该专利权"②,但商标在先使用制度中的在先使用人并不能简单地因自身存在客观的在先使用行为阻止在后商标注册人获得注册商标专用权。

第三节　商标在先使用制度的构成要件及行使限制

"商标在先使用"入法,是对在先使用人实际使用的确认,商标在先使用制度设立和维持的根本在于平衡在先使用人合法利益、商标注册权人利益和相关公众不被混淆的公共利益三种利益关系。为维护商标注册取得制度,在注册取得制度下保障在先使用人的利益,需要对在先使用人的在先使用行为设置严格的条件,此严格的条件即"构成要件"。构成要件应是适用

---

① 《最高人民法院关于审理侵犯专利权纠纷案件应用法律若干问题的解释》(法释〔2009〕21 号)第 15 条第 4 款:"专利先用权人在专利申请日后将其已经实施或作好实施必要准备的技术或设计转让或者许可他人实施,被诉侵权人主张该实施行为属于在原有范围内继续实施的,人民法院不予支持,但该技术或设计与原有企业一并转让或者承继的除外。"
② 张尧:《论专利权与专利先用权之间的冲突与协调》,载《知识产权》2017 年第 9 期,第 58 页。

商标在先使用制度的前提。同时，基于利益平衡的考量，限制在先使用人对在先商标的继续行使，以合理分割在先使用人合法利益与商标注册权人利益，且不损害相关公众依凭商标识别商品或服务来源的公共利益，这种限制行使即商标在先使用制度中行使限制方面的规定。构成要件与行使限制的内容均是基于利益平衡原则的考量，构成要件是商标在先使用制度适用的前提，行使限制是商标在先使用制度适用的结果，两者统一于商标在先使用制度框架之中。

从现行《商标法》关于商标在先使用规定的具体内容来看，要适用商标在先使用制度，必须满足以下构成要件：一是存在在先使用的客观事实；二是使用达到一定影响；三是在同一种或类似商品上使用相同或近似商标。在满足以上构成要件的情况下，在先使用人可继续使用该在先商标，但被施以相应行使限制：仅可在原有范围继续使用，且应权利人要求，必须附加适当区别标识。除此之外，在先使用人无权许可、转让该在先商标，无权禁止他人使用该在先商标，无权向他人要求损害赔偿。

一、构成要件

从当前司法实践及部分学者的研究成果来看，对商标在先使用制度构成要件依然存在争议。从起初的"三要件说"，变化成"四要件说""五要件说"甚至"七要件说"。但纯粹从《商标法》关于商标在先使用制度规定的具体内容来看，要适用商标在先使用制度，必须满足存在在先使用的客观事实、使用达到一定影响、在同一种或类似商品上使用相同或近似商标三项要件。

（一）关于构成要件具体组成的学说

当前，对商标在先使用制度中构成要件的具体组成，主要存在以下四种不同认知。在审理"御皇汇"商标纠纷案[①]中，浙江省嘉兴市中级人民法院

---

① 参见浙江省嘉兴市中级人民法院(2017)浙 04 民初字第 91 号民事判决书。

提出适用商标在先使用制度应符合"三要件"：第一，使用时间上先于权利人申请日；第二，在先商标应达到"一定影响"；第三，仅在原有范围内使用。但是，在"乔某面馆"商标纠纷案①中，广东省佛山市中级人民法院同样提出了适用商标在先使用制度的"三要件"：第一，在先使用人主观上应为善意；第二，存在在先使用的客观事实；第三，在先商标应达到"一定影响"。对比可以看出，即便同为"三要件"，各法院所持的判断标准亦存在差异。

在审理"启航"商标纠纷案②中，北京知识产权法院提出适用商标在先使用制度应符合"四要件"：第一，使用时间上先于权利人申请日；第二，使用时间上早于权利人使用之日；第三，在先商标应形成"一定影响"；第四，仅在原有范围内使用。但是，在"ABIE"商标纠纷案③中，陕西省西安市中级人民法院同样提出了内容并不完全一致的"四要件"标准：第一，在申请日前，在先使用人已存在使用行为；第二，在先商标应达到"一定影响"；第三，在原有范围内在先使用；第四，继续使用仅先于在先使用人。

关于商标在先使用制度的构成要件，还存在"五要件说"。山东省高级人民法院在审理"北驰"商标纠纷案④中认定，是否可适用商标在先使用应满足以下五个构成要件：第一，使用时间上先于权利人注册日；第二，在先商标同注册商标相同或近似；第三，在同种或类似商品上使用；第四，在商标申请注册前在先商标已经具有"一定影响"；第五，仅可在原范围内使用。

除以上标准外，理论界还存在"七要件说"的提法。⑤在适用商标在先使用制度前，应考虑是否符合以下七个要素：第一，涉案的注册商标应具有显

① 参见广东省佛山市中级人民法院(2017)粤 06 民终 2752 号民事判决书。
② 参见北京知识产权法院(2015)京知民终字第 588 号民事判决书。
③ 参见陕西省西安市中级人民法院(2016)陕 01 民初字第 930 号民事判决书。
④ 参见山东省高级人民法院(2016)鲁民终字第 2304 号民事判决书。
⑤ 参见汪泽：《中国商标法律现代化——理念、制度与实践》，中国工商出版社 2017 年版，第 230 页。

著性;第二,在先使用人对商标的使用应先于商标权人注册之日及使用之日;第三,在同一种或类似商品使用相同或近似商标;第四,在先使用应为商标性使用;第五,在先使用应为连续使用;第六,主观上在先使用人应为善意;第七,在先商标已达到"一定影响"。

之所以会存在关于商标在先使用制度中构成要件具体组成的诸多不同学说,主要原因在于以下几点:现今关于商标在先使用制度中构成要件方面法律规定较为模糊;司法实践中的案件存在独特性;对商标在先使用制度构成要件与行使限制存在混用现象;受域外关于商标在先使用规定的影响。关于构成要件具体组成的不同学说,恰恰说明在理论与实践中,关于商标在先使用制度依然存在诸多争议,亟待厘清并统一。

本书认为,应根据现行《商标法》关于商标在先使用规定的具体内容来确定"构成要件"。同时,任何违反诚实信用的行为都不值得保护,因此在具体规定内容确定的"构成要件"之中引入主观善意这一要件实有必要。后文将对此展开具体论证。

（二）立法规定中构成要件的内容

从现行《商标法》关于商标在先使用规定的具体内容来看,要适用商标在先使用制度,须满足以下构成要件:一是存在在先使用的客观事实;二是使用达到一定影响;三是在同一种或类似商品上使用相同或近似商标。

1. 存在在先使用的客观事实

根据现行立法规定,在商标权人申请商标注册且使用该商标之前,在先使用人就存在使用该商标的客观事实,这是构成商标在先使用的首要条件。如果没有时间上的先用事实,在先使用人的利益则无法获得保护。"存在在先使用的客观事实"共包含以下两层含义:一是要求商标在先使用人具有"在先"的客观事实,既要求商标在先使用人必须先于商标权人使用,又要求商标在先使用人的使用行为必须发生在商标权人申请注册之日前;二是要求商标在先使用人具有使用的客观事实。

2. 使用达到一定影响

在先使用人经过其诚实善意的使用使在先商标满足"一定影响"的要求，才可以适用商标在先使用制度，以对抗商标权人的侵权指控。对于在先使用人而言，如果在先商标所依附的商品仅在有限的几人或几十人之间传播，很难说其在先使用行为使在先商标满足了"一定影响"的要求，但满足"一定影响"的要求也并不意味着在先使用人须通过其在先使用行为使在先商标达到驰名的程度。①从商标的保护价值出发，只要在先使用人通过其在先使用行为使在先商标获得一定数量的相关公众的认同，就可以认为已经达到了"一定影响"的要求。但是对"一定影响"的具体认定，还需要结合具体案例，参考具体因素，进行具体分析。

3. 同一种或类似商品上使用相同或近似商标

商标权人的权利范围由其申请注册的商标与核定使用的类别确定。如果在先使用人使用的商标与权利人获准注册的商标不存在任何相同性或近似性，此时在先使用人当然可以继续使用该商标，甚至在先使用人可以向商标局提出有关该在先商标的申请，获得该在先商标的所有权。同理，如果在先使用人使用的商品或服务范围与权利人核定使用的类别不存在任何同种或类似性②，此时在先使用行为并未落入权利人的权利范围，在先使用人使用在先商标的行为当然不会构成对商标权人权利的侵犯。因此，唯有在先商标同注册商标相同或近似，且在先商标所附商品或服务与注册商标核准注册的商品或服务同种或类似，在先使用人与商标权人的权利冲突纠纷才会产生。

---

① 若"一定影响"达到驰名的程度，应适用《商标法》第 13 条第 2 款关于未注册驰名商标保护的规定。

② 除《商标法》第 59 条第 3 款外，《商标法实施条例》(国务院令第 651 号)第 92 条还修订了对在先使用服务商标保护的规定。从法理上讲，对在先使用服务商标的保护与对在先使用商品商标的保护区别不大。为行文方便，除特别指出外，本书关于在先使用商品商标的讨论也适用于在先使用服务商标。

二、行使限制

在商标权取得上，中国采取注册原则，使用不能获得商标权。之所以确立商标在先使用制度，是因为在先使用人通过其诚实劳动产生了足够的可供保护的合法利益，基于保护这种合法利益的需要，立法规定在满足特定构成要件的情况下，在先使用人可继续使用该在先商标。但是，在增设商标在先使用制度的同时，必须平衡好在先使用人的合法利益与商标权人的权益，避免商标权人的权益受到不合理的损害，同时不得动摇注册取得制度的根基。因此，法律对在先使用人继续使用在先商标施以必要行使限制，要求在先使用人的使用仅限于原有范围，且商标权人有权请求其附加适当区别标识。

（一）原使用范围限制

虽然在先使用人无法通过使用获得商标所有权，但是在他人申请商标注册前通过"先到"所形成的"既存状态"应该获得保护。然而，法律仅能保护在先使用人已形成的"既存状态"，即在先使用人的继续使用范围仅能限于"原使用范围"。一旦在先使用人对在先商标的使用超出"原使用范围"，超出部分实质构成对商标权人权利的侵犯，此时在先使用人的责任无法通过商标在先使用制度得到免除。

"原使用范围"这一行使限制主要包括以下两方面的内容。第一，在先使用人在满足商标在先使用制度构成要件的情况下，可以在原使用范围内继续使用其在先商标。对于此种继续使用行为，权利人无权禁止。第二，在先使用人在满足商标在先使用制度构成要件的情况下，如果其继续使用行为超出了"原使用范围"，比如在先使用人扩大了商品或服务使用类别，或许可他人使用其在先商标等，该继续使用行为实质侵犯了商标权人的权利，在先使用人应对其超出"原使用范围"的部分承担责任。

（二）附加适当区别标识限制

附加适当区别标识的规定，主要是为了避免相关公众产生混淆。因为根据商标在先使用制度,在先使用人可在原有范围内继续使用其在先商标,此时处于这一范围内的相关公众就容易对商品或服务的来源产生混淆。具体而言,因为在先使用人使用的商标与商标权人的商标相同或近似,且提供的商品或服务与商标权人同种或类似,当同一市场上出现在先使用人的商品和商标权人的商品时,此时依靠商标区别商品来源的功能可能无法实现,相关公众在购买该商品时无法该商品是来源于商标权人还是在先使用人,容易对商品的来源产生混淆、误认,由此造成相关公众不被混淆、误导的公共利益受损。

中国《商标法》第 59 条第 3 款规定"但可以要求附加区别标识"。也就是说,并非任何情况下在先使用人均要在其提供的商品或服务上附加区别标识。只有在商标权人的要求下,在先使用人才需要在其商品或服务上附加区别标识。但在哪些具体情形下需要附加区别标识、如何附加区别标识,以及何为"适当"等,《商标法》并无明确规定,需要进一步探究。

(三)转让权、许可权、禁止权、损害赔偿请求权限制

诚如前文所述,从实然法的角度出发,商标在先使用应被定性为一种"不构成侵权的抗辩手段"。只有在权利人对在先使用人提请侵权诉讼后,在先使用人才能依凭商标在先使用制度进行不侵权抗辩,是一种"被动防御"的消极对抗手段。立法除允许在先使用人在原有范围可内继续使用外,并未赋予在先使用人任何权利,包括向第三人转让其在先商标的转让权,以及许可第三人使用的许可权,同时在先使用人亦无权禁止他人使用该在先商标,无权向他人要求损害赔偿。

本 章 小 结

保护与限制看似是对立的两面,但却实质统一于知识产权法的根本目

的之中。商标权权利限制制度作为整个商标法体系的重要组成部分,其存在有着坚实的法理学基础。商标在先使用制度是商标权权利限制制度的重要组成部分,以商标权权利限制制度一般理论为引开展研究,有益于从整体角度出发研究商标在先使用制度。"劳动价值理论""'先到先得'的朴素正义观""利益平衡理论",及"兼顾公平正义与效率的价值追求"为商标在先使用制度的存在奠定了扎实的理论根基。商标在先使用制度的存在有其科学性、合理性。

同时,本章对商标在先使用的性质进行了探讨,认定从实然法的角度出发,应将商标在先使用定性为一种不侵权的抗辩手段,而非"抗辩权""民事权利""在先权利"。从应然法的角度,则可以将商标在先使用定性为属"自然权利"的一种。

然而商标在先使用制度发展至今,理论与实践中仍然存在诸多未统一或未解决的疑难。例如,对于商标在先使用制度中"使用在先"的判断、"善意"的认定、是否具备"一定影响"的判断、"原使用范围"的界定,以及如何"附加适当区别标识"等诸多问题均未达成共识,理论界还存在应否赋予在先使用人在原使用范围内"全部排他权"的争议等。对商标在先使用制度的研究不成体系,同时在实践中,商标在先使用制度适用乏力,以致商标在先使用人通过使用形成的合法利益、商标注册权人的利益和社会公众的利益难以平衡,这都违背了商标立法的目标与宗旨。

因此,亟须依托当前商标在先使用制度存在的理论基础,厘清当前理论与实践中存在的争议与疑难,破除商标在先使用制度的适用困境,以形成系统、科学、合理的商标在先使用制度。

第二章
商标在先使用制度的适用不足

　　使用在先,且属于在同种或类似商品上使用与注册商标相同或近似之标识的情形,并产生一定影响的商标在先使用人,可以依凭商标在先使用制度,对其在先使用行为所产生的合法利益主张保护。但《商标法》第59条第3款的规定比较抽象,致使在理论和实践中,在如何理解和适用商标在先使用制度问题上产生了诸多争议。

　　以商标在先使用制度构成要件中"在先"标准的判定为例,就存在坚持以"双重优先"判定"在先",或仅坚持以"商标申请之日"判定"在先",或仅坚持以"核准注册之日"判定"在先",或要求以"初步审定公告日"判定在先等诸多不同判定标准。除此之外,关于商标在先使用制度中"使用"的判断、"一定影响"的判定、"善意"的认定、"原使用范围"的界定、附加区别标识中"适当"标准的判断也存在相应争议。与此同时,理论界中还存在关于应否赋予在先使用人在原使用范围内全部排他权的争议等。

　　需要说明的是,立法在规定商标在先使用之前,对使用在先并产生一定影响的商标在先使用人的合法利益也予以相应保护。比如2006年广东省高级人民法院在审理"诸葛酿"商标纠纷案①中,法院就以"权利在先原则、诚实信用原则和公平竞争原则"这些原则性条款支持了在先使用人的主张,

---

① 参见广东省高级人民法院(2006)粤高法民三终字第95号民事判决书。

认定其使用行为不构成对在后注册人的权利侵权,可继续使用其在先商标。2009 年最高人民法院再审的"狗不理"商标纠纷案[①]中,最高院同样支持了在先使用人的不侵权抗辩主张,认定在先使用人使用"狗不理"商标的行为并未违反公认的市场道德,且主观善意。在《商标法》增设商标在先使用条款前,法院一般依据 2001 年《商标法》第 31 条权利在先条款、1993 年《反法》第 2 条基本原则条款和第 5 条"知名商品特有名称"条款保护商标在先使用人的合法利益。

但是,在商标注册主义下,只有注册才可以获得商标权,在先使用人不能通过在先使用行为获得独立的实体权利,只能是通过合法利益的形式对其进行保护。2001 年《商标法》第 31 条权利在先条款调整的还是"权利"之间的冲突,因此依据该条款对在先使用人合法利益予以保护存在基础障碍。而依据 1993 年《反法》第 2 条基本原则条款对在先使用人合法利益进行调整,又存在规则适用不明确的问题。同理,以"知名商品特有名称"条款保护商标在先使用人的合法利益容易造成《反法》与《商标法》之间的冲突与对抗,且其规制的只能是不正当竞争行为,涉及商标的问题应通过《商标法》来解决。

随着商标法立法价值取向由原来单纯保护注册商标发展成保护注册商标专用权前提下重视对商标的"实际使用",为对使用价值进行相应的立法确认,在此立法语境之下,2013 年《商标法》修订时专门增设相关条款,以保障在先使用人依在先使用行为所产生的合法利益。自此,在先使用人可以通过《商标法》关于商标在先使用制度的规定寻求保护其合法利益。不过依上文所述,当前理论和实践中理解和适用商标在先使用制度一直存在困境,致使商标权人利益和在先使用人合法利益的分割边界变得模糊,不仅不能切实保障在先使用人合法利益,还会损害商标权人利益,对相关公众的利益

---

① 参见最高人民法院(2008)民三监字第 10-1 号民事判决书。

也会造成影响。因此,厘清现阶段商标在先使用制度适用过程中的争议就显得尤为重要。

第一节 商标在先使用制度构成要件厘定不清

商标在先使用制度的设置正是基于利益平衡考量的结果,平衡在先使用人利益、商标注册人利益和相关公众不被混淆的公共利益,应是制度维持的根本。为维护商标注册取得制度,在注册取得制度下保障在先使用人利益,需要为在先使用人的在先使用设置严格的条件,此严格的条件即"构成要件"。符合构成要件,应是在先使用人适用该制度维护其合法利益之前提。但是,由于立法对商标在先使用制度的规定比较抽象,当前理论界存在诸多关于构成要件中相关内容的判定标准或判断因素,司法实践中对在先使用行为是否满足具体构成要件同样存在判定标准的差异。对商标在先使用制度构成要件中具体内容的厘定,一直未形成共识。

需要注意的是,关于类似商品的判断和近似商标的认定一直是商标法适用的重点及难点。理论与实践中,对于类似商品的判断和近似商标的认定标准一直存在研究和讨论,且不断在主观与客观标准之间反复,对该问题的探讨实质贯穿于商标法研究的始终。"同一种或类似商品上使用相同或近似商标"作为制度的构成要件之一,其重要性同样凸显。譬如,若在先使用人使用的商标与权利人获准注册的商标不存在任何相同或近似性,此时在先使用人当然能够继续使用该商标,在先使用人甚至可以向商标局提出有关此在先商标的申请,获得该在先商标的所有权。同理,若在先使用人使用的商品范围与权利人核定使用的类别不存在任何同种或类似性,在先使用行为则并未落入权利人的权利范围,在先使用人使用在先商标的行为当然不会构成对商标权人权利的侵犯。但是,对类似商品的判断和近似商标

的认定是商标法中一个共性的问题,而且在商标在先使用制度中,对于类似
商品的判断和近似商标的认定,与一般商标侵权中关于类似商品的判断和
近似商标的认定并无实质性差异。因此,基于研究篇幅和突出研究重点的
考量,本书并不对商标法中的共性问题"类似商品的判断及近似商标的认
定"做展开研究。

一、"使用在先"要件的判断标准不一

"存在在先使用的客观事实"应是适用商标在先使用制度的首要构成要
件,为显言简意赅,本书将该要件简称为"使用在先"要件。对是否满足"使
用在先"要件的判断应分为两部分内容进行讨论:一是是否满足"使用在先"
中"使用"的要求,主要争议点在于商标在先使用制度中的"使用"与传统意
义上商标性使用是否一致;二是是否符合"使用在先"中"在先"的标准,传统
的以"双重优先"之标准来判定"在先"的方法受到质疑与挑战。

(一)"使用在先"中使用与传统意义上的商标性使用是否一致存在
争议

传统意义上的商标性使用,是指认定属于商标性使用的一般情形。具
体而言,当前关于商标性使用的表述,既有通过列举具体的商标使用形式对
何为商标性使用进行说明的,也有通过概括商标性使用特征的方式对何为
商标性使用进行界定的,还有以两者融合的方式对商标性使用进行定义的。
譬如,《欧洲共同体商标条例》中明确列举了六种应被认定属商标性使用的
具体方式:"在商品或其包装上缀附标识;将带有标识的商品投入市场或在
市场上提供带有标识的服务;进口或出口带有该标识的商品;将标识用作商
号或公司名称,或商号或公司名称的一部分;在商业文书或广告中使用该标
识;在比较广告中以与广告语相反的方式使用标识"。[1]《美国兰哈姆法》将

---

① 参见 Article 9(3) of Regulation(EU) 2017/1001。

商标性使用概括为："在贸易过程中真诚地使用而不仅仅是以保留该商标之权利为目的的使用"①，并列举了商标性使用的具体使用方式。

使用是商标法活的灵魂。如何界定商标性使用，同样是中国学者与立法者极为关切的问题。《商标法》将商标性使用界定为："用于商品、商品包装或者容器以及商品交易文书上，或者将商标用于广告宣传、展览以及其他商业活动中，用于识别商品来源的行为。"②从此界定内容可以看出，中国关于商标性使用的界定借鉴了域外关于商标性使用界定的方式和具体内容，重点强调商标性使用应是"识别商品来源"的行为，即只有能起到区别商品或服务来源这一功能的使用行为才是商标性使用。

从以上各国或地区关于商标性使用的界定来看，商标法中的商标性使用应符合以下特点。一是公开使用。公开使用强调对商标的使用应是在商业活动中进行的，且必须是以交易为目的的使用。但公开使用并不要求对全社会公开，仅对特定相关公众进行以交易为目的商业公开也可以算作是公开使用。二是连续使用。只有使用才可以产生商标的价值。如果成功注册的商标长期不被使用，该商标的价值不仅无法实现，闲置还会造成商标资源的浪费。为避免以上情况的产生，各国或地区商标法均对商标性使用提出了"连续"的要求，例如于立法中规定，在无任何正当理由的情况下，商标连续不使用超过一定时限，任何人均可申请撤销该注册商标。③因此，商标性使用还有连续使用的要求。三是实际使用。除公开使用、连续使用外，商标性使用还要求使用人的使用行为应是对商标的实际使用。之所以强调实际使用，是因为要避免将为维持商标权利而进行象征性使用的行为当作商

---

① 参见 § 1127 of LANHAM ACT："The term 'use in commerce' means the bona fide use of a mark in the ordinary course of trade, and not made merely to reserve a right in a mark."

② 《商标法》第 48 条。

③ 中国商标法同样要求"使用"应具有连续性特征。参见《商标法》第 49 条第 2 款："注册商标成为其核定使用的商品的通用名称或者没有正当理由连续三年不使用的，任何单位或者个人可以向商标局申请撤销该注册商标。"

标性使用的行为。如果使用人仅是为了维持其商标权利,而只在少量的商品上使用商标,或做少量的宣传等,依靠商标识别商品或服务来源的基本功能依旧无法实现,因此缺乏实际使用行为不属于商标性使用。四是识别商品或服务来源为目的的使用。商标最基本的功能,在于相关公众能够依靠商标以区分商品或服务的来源。进行商标性使用的目的,也是为了能够通过使用使商标与相关公众建立稳定的联系,通过这种稳定的联系实现商品或服务的价值。[①]不能发挥商标识别商品或服务来源功能的使用行为,比如单纯地转让商标,并非商标性使用。[②]

综上,可推知,传统意义上商标性使用应是指"以识别商品或服务来源目的,在商业活动中公开、连续、实际地使用商标的行为"。

然而,传统意义上商标性使用主要针对商标权人的使用。但是,商标在先使用毕竟不是商标确权,其获得的保护范围远小于注册商标专用权的权利范围,此时是否还要坚持商标在先使用中的"使用"同传统意义上商标性使用采同一判断标准,抑或可降低对商标在先使用中"使用"的判断要求?同时,使用是商标法活的灵魂,如何形成统一的符合商标在先使用制度中"使用"要求的判断规则,同样需要进一步探究。

(二)"使用在先"要件中"在先"判定标准存在争议

从文义解释来看,现行《商标法》要求适用商标在先使用制度的在先使用人应优先于商标权人申请之日前使用的同时,还要求其使用应优先于商标权人使用之日,即判定是否符合"在先"要件时应达到"双重优先"的标准。

但是,理论和司法实践中关于应否适用"双重优先"标准判定"在先"一直存在争议。在先于商标权人申请之日前使用这一标准上,就有部分学者指出,应以"核准注册之日"替代"商标申请之日",理由有两点。其一,在注

---

① 参见王莲峰:《商标的实际使用及其立法完善》,载《华东政法大学学报》2011 年第 6 期,第 21—22 页。

② 参见北京市高级人民法院《关于审理商标民事纠纷案件若干问题的解答》第 4 条。

册主义原则下,使用不能获得商标权。商标权获取的唯一方式只能是通过注册。但是,商标的价值在于使用,为保护在先使用人通过其诚实劳动产生的合法利益,立法增设商标在先使用制度。可以说,商标在先使用是比照商标权而产生的概念,然而商标权的产生以"核准注册之日"为准,而非"商标申请之日"。因此,应以"核准注册之日"替代"商标申请之日"判定"在先"。①其二,存在这么一种情形,即在商标申请之日后、核准注册之日前,使用人通过广告宣传等方式使其标识迅速达到一定影响程度,如果坚持以"商标申请之日"判定"在先",此种情形下使用人的合法利益无法得到保护。②同时,学界还有坚持以"初步审定公告日"替代"商标申请之日"判定"在先"的主张。③

在司法实践中,同样有法院坚持以"核准注册之日"而非"商标申请之日"的标准判定"在先"。比如在立法创设商标在先使用制度前,就有法院根据《商标法》中的权利冲突条款、《反法》中的基本原则条款与"知名商品特有名称"条款等保护在先使用人合法利益,在"84 好帮手"商标纠纷案④、"花样年华"商标纠纷案⑤和"苏菲雅"商标纠纷案⑥中,法院就要求在先使用人应先于商标权人核准注册之日使用其在先商标。在商标在先使用制度确立后,依然有法院持此标准,比如"凌莹"商标纠纷案⑦等。

对于是否要先于"商标权人使用之日"这一时间判断节点,理论与实践

---

① 参见曹远鹏:《商标先用权的司法实践及其内在机理——基于我国司法案例群的研究》,载《中山大学研究生学刊》(社会科学版)2009 年第 3 期,第 84—94 页。

② 参见李扬:《商标法中在先权利的知识产权法解释》,载《法律科学》2006 年第 5 期,第 41—50 页。

③ 参见罗莉:《信息时代的商标共存规则》,载《现代法学》2019 年第 4 期,第 85 页。另见张鹏:《〈商标法〉第 59 条第 3 款"在先商标的继续使用抗辩"评注》,载《知识产权》2019 年第 9 期,第 16 页。

④ 参见上海市第二中级人民法院(2003)沪二中民五(知)终字第 9 号民事判决书。

⑤ 参见北京市海淀区人民法院(2008)海民初字第 8283 号民事判决书。

⑥ 参见上海市浦东新区人民法院(2008)浦民三(知)初字第 489 号民事判决书。

⑦ 参见河北省高级人民法院(2014)冀民三终字第 44 号民事判决书。

中的争议更大,因为这可能直接违背商标在先使用制度设立的初衷。假设商标权人在申请商标前,一直在浙江省衢州市使用某商标,从未进行过跨省销售,而且名声不显著。在商标注册权人连续使用该商标三年后,商标注册权人才决定向商标局提出商标申请。在先使用人在商标注册权人提出商标申请的前两年在新疆哈密市开始使用该商标,商标在先使用人在商标权人提出商标申请前从未接触过商标权人,更从未接触过其商标。按照现行判定"在先"的标准,因为在先使用人首次使用在先商标的时间晚于商标权人首次使用的时间,因此,在先使用人并不符合"存在在先使用的客观事实"这一构成要件,也就无法寻求通过商标在先使用制度保护其合法利益。但是,从商标在先使用制度设立的立法精神来说,其保护的是善意的在先使用人的合法利益,此例中在先使用人确属善意,因为其既不知晓也不可能知晓商标权人使用商标的情况,而且在商标权人申请商标之日前确有使用的行为,满足商标在先使用制度的其他构成要件,应予受到保护。当然,也存在观点支持以"商标权人使用之日"作为判定"在先"的标准。[1]因此,先于"商标权人使用之日"这一"在先"判定标准一直备受争议。

　　总而言之,"使用在先"中的"使用"与传统意义上的商标性使用是否一致存在争议,以"双重优先"判定"使用在先"要件中"在先"的标准同样一直受到质疑与挑战。本书认为,应结合商标在先使用制度设立的初衷和其依托的理论基础,细化、统一"使用在先"判断之标准。

二、"一定影响"要件的认定规则混乱

　　"在先商标达到一定影响"要件是商标在先使用制度构成要件中的重要组成。在司法实践中,是否适用商标在先使用制度,最关键的就是判定使用人通过其在先使用行为,是否能够使在先商标满足"一定影响"的程度要求。

---

[1]　参见冯晓青:《知识产权法利益平衡理论》,中国政法大学出版社 2006 年版,第 676 页。

同时,它也是商标在先使用制度构成要件中最难判定的部分。

当前认定"一定影响"的规则混乱,具体而言,在理论上,对"一定影响"应否纳入制度构成要件仍存争议,商标在先使用制度中的"一定影响"与其他法律规定中的"一定影响"有何区别厘定不清且适用混乱;在司法实践中,常常出现未作"一定影响"认定、认定"一定影响"产生的时间存在争议、认定"一定影响"参考的具体因素存在差异、错误采纳证明"一定影响"的证据等情形。

(一) 对"一定影响"应否纳入制度构成要件存在争议

学界关于"一定影响"要件存在的必要性,仍然存在较大的认识分歧。部分学者主张没有设定"一定影响"要件的必要,原因主要在于以下三点。其一,商标在先使用制度之所以入法,核心原因在于商标法的立法价值取向由原来单纯保护注册商标发展成保护注册商标专用权前提下重视对商标的"实际使用"。"商标在先使用制度是对'使用'价值的立法确认。"[①]基于此种认知,在不存在攀附在后权利人声誉的情况下,在先使用人通过"使用"产生的合法利益都应该受到法律保护,如此才符合商标在先使用制度的入法本意。强调在先使用要满足"一定影响"的要求,实则是对注册商标权的过度保护,挤压了在先使用人合法利益受保护的空间,减损了商标"使用"的价值。[②]其二,取消"一定影响"的要件要求,实质是对在先使用人劳动成果的尊重。任何通过诚实善意的劳动,并产生能够脱离自然状态而独立存在的相应成果的行为,都应该受到尊重。[③]换言之,只要在先使用人付出了诚实

---

① 孙国瑞、董朝燕:《论商标先用权中的"商标"与"使用"》,载《电子知识产权》2016 年第 8 期,第 65 页。

② 参见杜颖:《在先使用的未注册商标保护论纲——兼评商标法第三次修订》,载《法学家》2009 年第 3 期,第 123—134 页。持此观点的学者还包括王莲峰:《商标先用权规则的法律适用——兼评新〈商标法〉第 59 条第 3 款》,载《法治研究》2014 年第 3 期,第 14—15 页;黄朝玮:《商标先用权制度应删去"有一定影响"要件——评〈商标法〉第 59 条第 3 款》,载《中华商标》2015 年第 8 期,第 83—90 页,等。

③ 参见[英]约翰·洛克:《政府论》下册,叶启芳、瞿菊农译,商务印书馆 1983 年版,第 19 页。

善意的劳动,先于商标权人注册和使用商标,且不存在任何攀附权利人声誉的情况下,其产生的合法利益都应该被保护,而不论这种在先使用有无满足"一定影响"。其三,实践中对于如何认定"一定影响"存在困难。①司法实践并未提出"一定影响"的相关判定标准或具体参考因素,法律也未明确规定在先使用制度中"一定影响"的判定因素,这无疑增加了在先使用人的举证难度,也给法院审理此类案件带来繁难。

当然也有支持"一定影响"要件的观点,其认为既然立法明确规定在先商标应达到"一定影响"的程度,"一定影响"要件便具有存在的价值,尽管具体认定标准不甚明确,也不应被轻易否定。②

综上,尽管立法明确规定了"一定影响"这一构成要件,但是理论界对于"一定影响"要件应否成为适用商标在先使用制度的构成要件仍然存在争议。

（二）与其他法律规定中的"一定影响"区别不明

目前中国《商标法》中考虑未注册商标知名度或影响力的条款,大致包括第 14 条(驰名商标的认定)、第 32 条(抢注他人在先使用并有一定影响的商标)、第 59 条第 3 款(商标在先使用),以及《反法》第 6 条第 1 款(擅自使用与他人有一定影响的商品名称)。然而,虽然这些条款都隐含或包含对"一定影响"要件的表达,但是其各自的判断标准或判断时具体参考因素并不相同。在司法实践中,法院在判定在先商标是否达到"一定影响"程度要求时,时而产生适用混乱。

在"优信"商标纠纷案③中,重庆市第一中级人民法院在判定在先使用行为是否使在先商标满足"一定影响"要求时,就借鉴了《商标法》第 14 条关

---

① 参见黄朝玮:《商标先用权制度应删去"有一定影响"要件——评〈商标法〉第 59 条第 3 款》,第 83—90 页。
② 例如程德里教授在《在先使用商标的"有一定影响"认定研究》一文中对此观点进行了肯定。参见程德里:《在先使用商标的"有一定影响"认定研究》,载《知识产权》2018 年第 11 期,第 10—18 页。
③ 参见重庆市第一中级人民法院(2017)渝 01 民终字第 462 号民事判决书。

于驰名商标的认定规则。①但可以明确的是,商标在先使用制度中的"一定影响"必定无需达到驰名的程度。因为,若在先使用商标达到了"驰名"的程度,在先使用人完全可以根据《商标法》第 13 条关于未注册驰名商标保护的规定,禁止在后商标权人注册并使用,即使商标权人注册成功,在先使用人也可以依据《商标法》第 45 条的规定请求其注册为无效,完全不需要通过商标在先使用制度寻求保护。如此来看,未注册商标达到"驰名"的要求必定远高于在先商标满足"一定影响"的要求,甄别商标在先使用制度构成要件中的"一定影响"与《商标法》第 14 条中的"驰名"意义不大。

关于在先使用中"一定影响"与其他法律规定中"一定影响"的区别,其他法律规定中"一定影响"主要指《商标法》第 32 条和《反法》第 6 条第 1 项中出现的"一定影响"。

在"感康"商标纠纷案②中,吉林省长春市中级人民法院在判定被告的在先使用行为是否使在先商标达到"一定影响"程度时,指出应根据《商标授权确权若干意见》③(以下简称《意见》)第 18 条第 2 款规定,结合被告在原告商标申请日前对其在先商标"使用的持续时间、区域、销售量、广告宣传等"进行综合判断。但是从内容上看,《意见》第 18 条第 1 款是关于《商标法》第 32 条后段禁止恶意抢注的建议④,从体系结构来说,《意见》第 18 条第 2 款

---

① 重庆市第一中级人民法院在"优信"商标纠纷案民事判决书中载明,未注册商标是否具有"一定影响"可以结合以下因素进行个案判断:(1)相关公众对该商标的知晓情况;(2)该商标使用的持续时间和地理范围;(3)该商标的任何宣传工作的时间、方式、程度、地理范围;(4)其他使该商标产生一定影响的因素。

② 参见吉林省长春市中级人民法院(2015)长民三初字第 82 号民事判决书。

③ 全称为《最高人民法院关于审理商标授权确权行政案件若干问题的意见》(法发〔2010〕12 号)。

④ 《最高人民法院关于审理商标授权确权行政案件若干问题的意见》(法发〔2010〕12 号)第 18 条:"1.根据商标法的规定,申请人不得以不正当手段抢先注册他人已经使用并有一定影响的商标。如果申请人明知或者应知他人已经使用并有一定影响的商标而予以抢注,即可认定其采用了不正当手段。2.在中国境内实际使用并为一定范围的相关公众所知晓的商标,即应认定属于已经使用并有一定影响的商标。有证据证明在先商标有一定的持续使用时间、区域、销售量或者广告宣传等的,可以认定其有一定影响。3.对于已经使用并有一定影响的商标,不宜在不相类似商品上给予保护。"

中"一定影响"的认定应是对被抢注商标是否达到"一定影响"的认定。因此,可以确定,在认定"一定影响"时,法院会依据在先商标是否达到《商标法》第 32 条中"一定影响"的要求进行判断。

在"蚂蚁搬家"商标纠纷案[①]中,湖南省长沙市中级人民法院指出,商标在先使用制度中在先商标能否达到被保护要求的认定,应与 1993 年《反法》第 5 条关于知名商品特有名称的保护相适应,以使二者在法律适用上达到协调统一,实现《商标法》与《反法》在注册商标保护与未注册商标保护的衔接与平衡,因而对"一定影响"的认定可以参考《反法》中关于"知名商品"的认定因素。[②]目前关于"知名商品特有名称"的保护主要在《反法》第 6 条第 1 项。因此,可以肯定,法院认定在先使用商标是否达到"一定影响"时,会依据《反法》第 6 条第 1 项对"一定影响"的认定来进行判断。

司法实践中条款适用不一致的情况反映了对商标在先使用中"一定影响"要件内容与构成理解的差异。法院依据不同的法律条文对在先使用中"一定影响"进行认定,而不同的法律条文之间又存在差异,这势必会影响法院认定结论的正确性和统一性。区别商标在先使用制度中的"一定影响"与其他法律规定中的"一定影响",有利于明确商标在先使用制度中"一定影响"的程度要求,同时有利于避免法院在审理案件时对"一定影响"的认定发生混乱。本书认为,应将商标在先使用制度中"一定影响"与其他法律规定中的"一定影响"区别开来。

(三) 司法实践中对"一定影响"的认定混乱

在司法实践中,法院在判定在先商标是否达到"一定影响"时,往往缺乏统一的标准,缺少具体的认定"一定影响"的参考因素,甚至存在不作"一定

---

① 参见湖南省长沙市中级人民法院(2015)长中民五初字第 757 号民事判决书。
② 《最高人民法院关于审理不正当竞争民事案件应用法律若干问题的解释》(法释〔2007〕2 号)第 1 条指明:"人民法院认定知名商品,应当考虑该商品的销售时间、销售区域、销售额和销售对象,进行任何宣传的持续时间、程度和地域范围,作为知名商品受保护的情况等因素,进行综合判断。"

影响"认定便进行判决的情形,哪些证据可以作为认定"一定影响"的依据也存在不确定性。

1. 未作"一定影响"认定

从立法关于商标在先使用制度的具体规定来看,在先商标的使用应达到"一定影响"才能主张在先使用保护。因此,在具体的司法裁判中,法院需要对在先商标的使用是否达到"一定影响"有明确的解释或说明。但是,在此前公开的司法案例中,就存在有法院仅根据在先使用人使用在先商标的时间早于商标权人申请之日,就判定在先使用人符合商标在先使用制度构成要件,并支持在先使用人继续使用的情况。这就说明,受理论界观点的影响,司法实践中对适用商标在先使用制度应否满足"一定影响"的要求也存在争议和质疑。

以 2016 年海南省三亚市中级人民法院审理的"海天飞龙"商标纠纷案①为例。审理法院认为,虽然原被告商标相同,且使用类别一致,但是从被告提交的在先使用证据来看,其对涉案在先商标的使用时间确实早于原告商标申请之日,如此可证明被告存在"在先使用的客观事实"。从原告提交的侵权证据来看,被告对涉案在先商标的使用从未超出原使用范围,这符合商标在先使用制度的构成要件,因此审理法院推定被告对涉案商标的使用属于合法的在先使用行为,驳回了原告诉讼请求。暂且不论审理法院将"在先商标使用不得超出原使用范围"作为商标在先使用制度构成要件之一进行判断是否正确,但可以确定的是,法院并没有在判决中论述涉案在先商标的使用是否达到了"一定影响"的程度,也就是说,审理法院并未作"一定影响"的认定。

相似的情况还出现在河南省新乡市中级人民法院审理的"豫泉"商标纠纷案②中。在该案中,法院认定,被告在原告申请注册"豫泉"商标前就已经

---

① 参见海南省三亚市中级人民法院(2016)琼 02 民初字第 131 号民事判决书。
② 参见河南省新乡市中级人民法院(2014)新中民三初字第 96 号民事判决书。

在相同类别上开始使用"豫泉"标识,符合"使用在先"要件,且属于在"同类商品上使用相同商标"的情形,应可以主张在先使用抗辩,法院依此驳回原告请求。但是,审理法院并未要求被告提供在先商标的使用达到"一定影响"的证据,判决书中亦未强调在先商标的使用满足"一定影响"的要求,实际未作"一定影响"的认定。

从以上判决可以看出,尽管多数法院坚持在适用商标在先使用制度时,判定在先商标的使用是否符合"一定影响"构成要件,但是依然有部分法院在审理相似案件时未作"一定影响"的认定。

2. 认定"一定影响"产生的时间存在争议

现行立法关于商标在先使用制度的规定要求在先使用人对在先商标的使用应早于商标申请之日。因此在实践中,法院要求在先商标的使用达到"一定影响"的时间一般也以商标申请之日为节点。换言之,在司法实践中,审理法院一般要求在先使用人应在商标权人申请之日前,已经通过其在先使用行为使在先商标达到"一定影响"的要求,如此才符合满足"一定影响"程度要求之构成要件。如在 2016 年北京市朝阳区人民法院审理的"红炉"商标纠纷案①中,法院即要求被告须证明其在原告商标申请之日前对"红炉"商标的使用已经形成"一定影响"。若在商标申请之日前在先商标的使用未形成"一定影响",但在商标申请之日后在先使用人通过其使用行为使在先商标达到了"一定影响"的程度,依照此时间节点划分,实质并不符合商标在先使用制度构成要件的要求,在先使用人的不侵权抗辩主张无法得到支持。

但是在理论与实践中,同样存在不支持以商标权人申请之日为限来判定在先商标的使用是否达到"一定影响"要求的主张。具体理由如下。不排除存在如下情况,比如在先使用人确实在商标权人申请和使用在先商标前

---

① 参见北京市朝阳区人民法院(2016)京 105 民初 26530 号民事判决书。

已经对在先商标进行了使用,存在使用在先的客观事实,但是在商标权人申请之日前,在先使用人对在先商标的使用并未达到"一定影响"的程度,但在该商标核准注册之日前,在先商标的使用已经形成"一定影响"。若以商标权人申请之日为限来判定在先商标的使用是否达到"一定影响"的程度要求,法院不可能支持在先使用人不侵权的主张。但是,在先使用人真诚善意地使用该在先商标,并且从未攀附商标权人任何声誉,其所形成的合法利益却无法得到保护,有违商标在先使用制度设立的初衷,因此有观点主张以"核准注册之日"作为判定是否达到"一定影响"要求的时间节点。司法实践中确有法院支持以商标"核准注册之日"作为判定是否达到"一定影响"要求的时间节点。如"汇江 HUIJIANG"商标纠纷案①中,审理法院在判定在先商标的使用是否达到"一定影响"时,就以商标"核准注册之日"作为判定"一定影响"产生的时间节点。

3. 错误采纳证明"一定影响"的证据

依上文所言,一般情形下,法院坚持以商标权人申请之日为节点来判定在先商标的使用是否达到"一定影响"要求。但在具体司法实践中,对于在先使用人提供的证明其在先使用的商标形成"一定影响"的证据,部分法院并未严格以商标申请之日来区分证据的有效性,并且存在部分证据虽然是在先使用人在商标申请之日后获得,但也能用来证明在先使用商标影响力的情形。

譬如,在司法实践中,关于在先使用人使用商标而获得的商誉奖项是在商标申请之日后获得,此时该证据能否作为证明在先商标影响力的依据存在争议。之所以存在争议,就是因为商誉奖项的获得并不是一蹴而就的,其是在先使用人长期努力的结果,虽然商誉奖项的获得是在商标申请之日后,但是之所以能够获奖,也与商标申请之日前在先使用人诚信经营在先商标

① 参见最高人民法院(2015)民申字第 1692 号民事裁定书。

有关，所以应被视为判定在先商标影响力的证据之一。综合言之，争议点在于在商标申请之日后获得的商誉奖项能否作为证明"一定影响"的证据。

4. 认定"一定影响"参考的具体因素不统一

关于商标在先使用制度的具体规定并未对认定"一定影响"所需参考的具体因素作任何说明，致使各法院在认定在先商标的使用是否达到"一定影响"时，出现标准差异悬殊的情况。以"一定影响"所应辐射的地域范围为例，在江苏省南通市中级人民法院审理的"黄金米"商标纠纷案中，审理法院认定在先商标的使用是否达到"一定影响"时，就以县城为单位，要求在县城范围内的相关公众对该在先商标做到普通知晓即可。①但是，也有法院或学者认为，"一定影响"的判断应至少以地级市为单位，要求地级市范围内相关公众对该在先商标做到普通知晓。②

同时，除了标准界限有所差异外，各法院在认定"一定影响"时参考的因素也有所不同。从已整理的与商标在先使用相关的案例来看，部分法院在判决时坚持以产品销量、在先商标辐射的地域范围来判定是否达到"一定影响"的程度，部分法院坚持以广告宣传、荣誉奖项来判定是否形成"一定影响"，还有法院除依照产品销售、广告宣传等来判定是否达到"一定影响"的程度外，还提出了"公众联想"等认定参考因素。③

综合而言，当前关于商标在先使用制度构成要件中"一定影响"的认定，既存在理论上的争议，也存在实践认定混乱的情形。应及时廓清理论上的障碍，排除"一定影响"的适用争议，统一司法实践中关于"一定影响"认定的标准界限和参考因素。

---

① 参见江苏省南通市中级人民法院(2014)通中知民终字第 2 号民事判决书。
② 参见吉林省长春市中级人民法院(2015)长民三初字第 82 号民事判决书。
③ 参见北京市西城区人民法院(2014)西民(知)初字第 17652 号民事判决书、北京知识产权法院(2014)京知民终字第 134 号民事判决书、山东省淄博市中级人民法院(2014)淄民三初字第 62 号民事判决书、浙江省温州市中级人民法院(2015)浙温知民终字第 8 号民事判决书。

三、"善意"要件的认定规则不明

立法对商标在先使用制度的适用,并未规定主观要件。但是,尽管存在争议,学界及司法实践中的主流观点仍是将"善意"作为商标在先使用制度的构成要件之一。遗憾的是,理论与实践对商标在先使用制度构成要件中"善意"要件的具体认定规则并不明确,多数法院虽然在判决中会对在先使用人善意与否进行判断,但并未总结出具体的参考因素或认定规则。

（一）对"善意"应否纳入制度构成要件存在争议

从立法关于商标在先使用制度的具体规定中可以看出,法律对在先使用人并未设定任何主观要件。但是,多数学者认为,只有善意的在先使用才可以获得保护,如"先使用人使用时须基于善意"[①],"在先使用应出于善意"[②],"如有恶意影射他人注册商标之信誉,则无阻却违法性"[③],"若先使用人主观上有不正当竞争等恶意表现,则无受保护之正当性前提"[④]。在司法实践中,法院对在先使用人同样要求主观上应为善意。例如,在河北省高级人民法院审理的"李文焕烧鸡"商标纠纷案[⑤]中,法院就指明,"善意"应是适用商标在先使用制度构成要件之一,其包含在商标在先使用制度内涵之中,因此要求被告提供相关证据证明其在先使用行为确属善意。

其他国家对在先使用人同样要求主观上应为善意。如英国地区法院就在判例中写明,在先使用人应为善意才可以申请保护,善意是指在先使用人无任何攀附在后注册人声誉的意图,且在先使用人不存在任何欺骗行为[⑥];

---

① 李雨峰、倪朱亮:《寻求公平与秩序:商标法上的共存制度研究》,载《知识产权》2012 年第 6 期,第 3—15 页。
② 文学:《商标使用与商标保护研究》,法律出版社 2008 年版,第 221 页。
③ 曾陈明汝、蔡明诚:《商标法原理》,台湾新学林出版社 2007 年版,第 99 页。
④ 杜颖:《商标先使用权解读——〈商标法〉第 59 条第 3 款的理解与适用》,载《中外法学》2014 年第 5 期,第 1366 页。
⑤ 参见河北省高级人民法院(2016)冀民终 139 号民事判决书。
⑥ 参见汪泽:《论商标在先使用权》,载《中华商标》2003 年第 3 期,第 38 页。

《日本商标法》明确要求,在先使用人使用在先商标时不得以不正当竞争为目的①;

　　但是,同样有质疑"善意"作为商标在先使用制度构成要件之一的观点,本书将其理由总结为:其一,立法中确无规定"善意"这一主观要件,强行要求在先使用人须证明其在先使用行为应为善意,不符合法律规定;其二,根据规定,在先使用人要满足"使用在先"要件,应证明其使用行为应早于商标申请注册之日的同时,也早于商标权人使用之日。既然在先使用人在使用在先商标时,商标权人既没有对该在先商标申请注册,也不存在使用行为,在先使用人对在先商标的使用行为当然不存在攀附商誉的可能,因此在先使用人必然是善意的,要求立法中明确纳入"善意"构成要件纯为多此一举。

　　由此观之,对"善意"应否作为商标在先使用制度的构成要件之一,依然存在争议。在法律并未规定善意要件的前提下,主张善意应作为构成要件之一,不仅需要足够的理论支撑,还要明确认定"善意"的具体规则。唯有同时满足这两项要求,立法建议才能最终形成。

　　(二) 缺乏在先使用中认定"善意"的具体规则

　　与此同时,与其他构成要件不同,"善意"作为主观要件,在做具体认定时更为困难,且当前对"善意"的认定并无统一的规则。

　　民法上关于"善意"的认定,通常以当事人知情与否作为根据。②但是,简单以知情与否作为认定在先使用人是否构成善意的标准并不准确。譬如,在商标权人注册其商标前,在先使用人已在相同类别使用该在先商标,且达到一定影响。商标注册人在注册其商标后,在先使用人依然在继续使用该在先商标,但在先使用人并不知晓此在先商标已被商标权人注册的情

---

① 参见《日本商标法》第 32 条第 1 款。
② 参见谢在全:《民法物权论》,中国政法大学出版社 1999 年版,第 941 页;梁慧星主编:《中国物权法研究》,法律出版社 1998 年版,第 1104 页;梁慧星、陈华彬:《物权法》,法律出版社 2007 年版,第 401 页。

况。此时可依民法上关于"善意"的认定,推定在先使用人主观善意。但是,在在先使用人继续使用此商标的过程中,发现该在先商标已被商标权人注册,甚至市场上已经出现了商标权人的产品,此时在先使用人明确知晓了该商标已被注册,仍继续使用该在先商标,这种情况是否就可被推定属于"恶意"的情形?答案是否定的。因为立法设定商标在先使用制度的初衷,就在于平衡商标权人利益与在先使用人合法利益,对在先使用人合法利益进行保护,即使在先使用人明确知晓了该商标已被注册且被商标权人使用,其通过在先使用行为所产生的合法利益依旧存在,法律不得无故剥夺在先使用人的合法权益受保护的权利。除非在先使用人在知晓该商标已被他人注册的情况下,试图通过不正当手段攀附注册人商誉,此时才能推定在先使用人具有"恶意"之意图。换言之,不得简单以知情与否作为判断在先使用人主观上具有"善意"或者"恶意"的标准。

既然明知或应知不能作为判定在先使用人主观是否"善意"的依据,那么关于"善意"的认定须遵循何种具体规则?是否能够确定统一的"善意"认定规则或形成统一的认定在先使用人"善意"的参考因素?以上均有待进一步探索。

综合言之,"善意"是否应该作为制度的构成要件之一,明确列于《商标法》关于商标在先使用的具体规定之中?如果将"善意"列入商标在先使用制度的具体规定之中,"善意"作为主观因素,关于其认定的具体规则如何设置?以上都值得从理论与实证上作进一步考究。

第二节 商标在先使用制度行使限制适用不明

商标在先使用仅是在先使用人对抗商标权人的一种抗辩,在先使用人只有在符合严格的构成要件的前提下才可适用商标在先使用制度,继续在原使用范围内使用商标,且应权利人要求附加适当区别标识。然而法律仅规定了"原使用范围"和"附加适当区别标识",却对如何界定"原使用范围"以及如何"附加适当区别标识"并无说明或解释。但是,无论是"原使用范围"的界定,还是"附加区别标识",都直接关涉在先使用人合法利益与商标权人利益的合理分割。解决当前"原使用范围"界定的争议,明确"附加区别标识"的具体规则设置,具有重要意义。

一、界定"原使用范围"的具体规则驳杂

如何界定"原使用范围"是商标在先使用制度行使限制中较为复杂的问题。法律并没有明确如何界定在先使用人使用商标的"原使用范围",从本书检索到的数百起涉商标在先使用案例来看,因"原使用范围"界定困难,法院在判决中一般不对其予以界定,仅是要求在先使用人须在原有范围内继续使用。从某种程度上来说,"原使用范围"在平衡在先使用人的合法利益与商标注册专用权人的权益方面的价值被抹杀。因此,本书认为,应将"原使用范围"界定争议的部分梳理清晰,以此为基,定纷止争,逐步明确"原使用范围"界定的具体规则,并统一"原使用范围"界定规则的适用。

（一）对界定"原使用范围"的时间节点存在争议

立法对界定"原使用范围"的时间节点并无规定。但从立法的本意出发,之所以设定商标在先使用制度,其初衷在于保护在先使用人的合法利益,最终目的在于平衡在先使用人的合法利益与商标权人的利益。从商标在先使用制度设立的初衷来看,在先使用人通过善意使用形成的合法利益当然都应该获得保护,所以,直到商标权人对在先使用人主张其商标权利之前,在先商标使用的地域范围或影响力辐射范围都应该认定属"原使用范围"。因此,以商标权人主张权利之日作为界定"原使用范围"的时间节点,似乎更加符合商标在先使用制度设立的初衷。司法实践中也存在以商标权人主张权利之日作为界定"原使用范围"时间节点的案例。在"超妍"

商标纠纷案①中,法院即认为,虽然被告(在先使用人)开设分店的时间晚于商标权人申请注册的时间,但是由于被告在商标权人申请之日前就已经在当地对在先商标进行了广泛使用,并使商标形成了一定的知名度,分店的开设并不会对商标权人的利益造成减损,因此可以继续保有该分店,实质就是承认原使用范围的界定时间节点为商标权人权利主张之日。相似的案件还包括"豪柏"商标纠纷案②。

但是,从保障商标权人的权利来说,以商标申请之日作为界定"原使用范围"的时间节点似乎更为合理。因为自商标权人申请之日起,他人就可以通过简单检索查询到该在先商标的注册情况,由此可以推定在先使用人应在商标权人申请之日后,就知晓该在先商标已被注册的情况,此时若在先使用人继续扩大其在先商标的使用范围,难免存在侵权之嫌,因此以商标申请之日作为界定"原使用范围"的时间节点更为合理。在"城市之家"商标纠纷案③中,法院在判决中明确要求在先使用人仅可在商标申请日前开设的店铺上继续使用在先商标,停止在商标申请日后开设的店铺上使用在先商标的行为,即明确支持了应以商标申请之日作为界定"原使用范围"的时间节点的主张。对比言之,理论上对如何界定"原使用范围"的时间节点存在争议。

(二) 对应否限制继续使用的地域范围存在争议

在界定"原使用范围"时,关于应否限制在先使用人继续使用的地域范围,理论界一直存有争议。产生争议的原因,一方面与限制地域范围的可操作性相关,另一方面与域外立法规定相关。具体而言,反对"限制地域范围"的学者认为,划定继续使用的地域范围本身存在难度,缺乏实际可操作性,且不利于保护在先使用人合法利益,仅限制在先使用人使用的商品或服务

---

① 参见江苏省高级人民法院(2016)苏民终字第 125 号民事判决书。
② 参见广东省广州市白云区人民法院(2016)粤 0111 民初字第 1069 号民事判决书。
③ 参见河北省保定市中级人民法院(2015)保民三初字第 135 号民事判决书。

类别即可。①同时,从域外立法规定来看,部分国家或地区也仅要求限制在先使用人商品或服务类别即可,并不要求限制继续使用的地域范围。如《日本商标法》要求在先使用人仅能在原商品或服务上继续使用商标②;《韩国商标法》要求在先使用人仅可在已使用的商品上继续使用商标③;中国台湾地区有关规定要求在先使用人仅能以原使用之商品或服务为限继续使用商标④。同时,司法实践中还存在相关例证,譬如湖南省长沙市中级人民法院在审理"惠尔康"商标纠纷案⑤中,就仅限制了在先使用人继续使用的商品类别;杭州市滨江区人民法院在审理"圣才"商标纠纷案⑥时,也未对在先使用人继续销售范围施以具体限制。

但是,同样存在坚持应对在先使用人的继续使用地域范围施以必要限制的主张。原因在于,一旦放开在先使用人继续使用的地域范围,也就意味着在先使用人可以在原地域范围外使用其在先商标,实际认可了在先使用人的经营范围可以扩大,这就打破了在先使用人利益与商标权人利益的利益平衡的状态,对在先使用人的保护超出了必要限度。⑦相关例证也可以在司法判决中查实。在"鸭王"商标纠纷案⑧、"蒋有记"商标纠纷案⑨中,审理法院就明确提出,在先使用人只能在原使用地域范围内继续使用其在先商

---

① 参见李扬:《商标法中在先权利的知识产权法解释》,载《法律科学》2006 年第 5 期,第 49—50 页。同样持此主张的学者还包括杜颖、田村善之等,另见杜颖:《在先使用的未注册商标保护论纲——兼评商标法第三次修订》,载《法学家》2009 年第 3 期,第 132 页;[日]田村善之编:《日本知识产权法》,周超、李雨峰、李希同译,知识产权出版社 2010 年版,第 68 页。

② 参见[日]纹谷畅男:《商标法 50 讲》,魏启学译,法律出版社 1987 年版,第 237 页。

③ 参见《十二国商标法》翻译组:《十二国商标法》,清华大学出版社 2013 年版,第 290 页。

④ 参见汪泽:《论商标在先使用权》,载《中华商标》2003 年第 3 期,第 37 页。

⑤ 参见湖南省长沙市中级人民法院(2003)长中民三初字第 449 号民事判决书。

⑥ 参见浙江省杭州市滨江区人民法院(2014)杭滨知初字第 4 号民事判决书。

⑦ 参见张尧:《商标先用权保护探讨》,载《知识产权》2014 年第 2 期,第 67 页;另见芮松艳、陈锦川:《〈商标法〉第 59 条第 3 款的理解与适用——以启航案为视角》,载《知识产权》2016 年第 6 期,第 30—31 页。

⑧ 参见最高人民法院(2012)知行字第 9 号行政裁定书。

⑨ 参见江苏省高级人民法院(2013)苏知民终字第 37 号民事判决书。

标,不得超出原使用地域范围。

（三）对应否限制生产规模存在争议

是否应限制在先使用人的生产规模也是当前争议较多的问题之一。对在先使用人来说,限制其生产规模,意味着其接下来每年生产的产品数量都不得超过法院判决前一年生产的产品数量,否则在先使用人须对超出的部分承担相应的侵权责任。这就导致在先使用人在日常经营活动之中束手束脚,不符合市场经济的要求。因此,从在先使用人的利益出发,虽然在先使用人应在原使用范围内继续使用其在先商标,但限制原使用范围不应包括对生产规模施以限制。然而,从商标权人的诉求出发,如若对在先使用人生产规模不加限制,商标权人的合法权益势必受损,因此应限制在先使用人的生产规模。在湖南省长沙市中级人民法院审理的"蚂蚁搬家"商标纠纷案①中,法院支持了在先使用人的主张,认为应对在先使用人的经营规模进行限制,不过对于在先使用人的生产规模不应施以限制。但是,该法院并没有明确给出不应对生产规模施以限制的合理学理解释,理论与实践中关于应否对在先使用人生产规模施以限制仍然存在争议。

（四）对网络环境下的"原使用范围"界定缺乏研究

学界对于网络环境下商标在先使用制度的适用尚缺乏研究。如若将建立在传统物理环境中的商标在先使用制度适用于没有边界的网络环境之中,"原使用范围"应如何界定? 理论与实践中均对此缺乏必要的探讨。

与传统物理环境下原使用范围的界定相比,网络环境下"原使用范围"的界定更为复杂,主要原因在于传统物理环境下"原使用范围"的界定是建立在市场可以被分隔的基础上,而网络不仅仅是全国性的,甚至是全球性的。②部分观点认为,在先商标与商标权人的商标一旦在网络上共存,势必

---

① 参见湖南省长沙市中级人民法院(2015)长中民五初字第 757 号民事判决书。
② Harrods Ltd. v. Sixty Internet Domain Names,302F. 3d 214,234n. 9(4th Cir. 2002).

会引起相关公众的混淆。①但是，本书认为，在先商标与商标权人商标依然可以共存于网络环境之中。原因在于两点。一是商标在先使用制度设立的立法本意，并不会因为是处于物理环境还是网络环境之中而发生变化。只要在先使用人符合"使用在先"，且形成"一定影响"，并且属于"同一种或类似商品上使用相同或近似商标"、主观"善意"的情形，就可以主张商标在先使用抗辩，而不区分是网络环境还是物理环境。二是网络发展到今天，其实也逐步形成了各个可以被分隔开的独立市场，与物理环境中的分隔市场并无实质差异。比如，就购物平台而言，当前网络上主要存在淘宝、京东、拼多多三大主市场，还存在诸多其他购物市场，各市场之间亦相互独立。换言之，网络环境中同样具有在先商标与商标权人商标共存的土壤。

　　但是，相较于传统物理环境中"原使用范围"的界定，网络环境中在先使用人"原使用范围"的界定更为复杂。因为按照正常的逻辑分析，若在先使用人率先在网络上开始了"在先使用"行为，也就意味着任何第三人均可以接触到该在先商标，其"原使用范围"就应被界定为整个网络。不过，如此划分势必会损害商标权人的注册权利，从而制约在先使用人合法利益与商标权人利益的平衡。在网络时代的今天，寻求网络环境中"原使用范围"的界定规则显得尤为重要。

　　以上暴露出来的争议、分歧或尚未解决的难题足以证明，完善商标在先使用制度中"原使用范围"具体界定规则具有必要性与现实急迫性。为更加贴合商标在先使用制度设立的立法本意，平衡在先使用人的合法利益与商标权人的利益，应从理论与实践角度出发，摒除争议，统一"原使用范围"的具体界定规则。

---

① Adam V. Burks, Dirk D. Lasater, "Comment: Location? Location? Location?: A New Solution to Concurrent Virtual Trademark Use," *Wake Forest Journal of Business and Intellectual Property Law*, 2011, pp.259—329.

二、缺乏"附加适当区别标识"的具体规则

除平衡在先使用人的合法利益和商标注册人的利益外,合理的商标在先使用制度还应保障相关公众不被误导、混淆的公共利益。附加适当区别标识的规定,主要是为了避免相关公众产生混淆。因为根据商标在先使用制度,在先使用人可在原有范围内继续使用其在先商标,此时处于这一范围内的相关公众就容易对商品或服务的来源产生混淆。一旦相关公众认为在先使用人提供的商品或服务实际是商标权人提供的,或认为在先使用人与商标权人之间存在合作或许可之关系,即意味着相关公众依靠商标识别商品或服务来源的公共利益受到损害。因此立法才规定,在商标权人的要求下,在先使用人应在其商品或提供的服务上附加适当标识,以示区别。但立法并未设置任何附加区别标识的具体规则,也没有提供任何关于附加区别标识的解释。

不过,在理论上,有两点可以明确。其一,附加区别标识并不要求对在先商标本身做任何修改。之所以附加区别标识,最终目的在于防止相关公众产生混淆。若强行要求改变在先商标本身,实质是对商标在先使用制度的否定。①其二,并非任何情形下,在先使用人都要附加区别标识。唯有在商标权人向法院提出要求的情况下,在先使用人才须附加标识。

除以上两点能够明确外,立法对于何种情况下应附加区别标识、何为"适当"区别标识,以及附加区别标识的相应提请程序等均未作明确规定。以附加区别标识提请程序为例,若商标权人不提出附加区别标识的要求,法院能否直接要求在先使用人附加区别标识? 如果商标权人提出附加区别标识的要求,法院能否直接以不会造成相关公众混淆为由,拒绝商标权人的要求? 再如,如何判断在先使用人附加的区别标识达到了"适当"的程度? 等

---

① 参见[日]纲野诚:《商标》,有斐阁 2002 年版,第 783 页。

等。这些问题都有待进一步厘清并解决，以便形成完整的、具体的附加区别标识适用规则。

第三节　存在赋予在先使用人全部排他权的争议

正如前文所述，从实然法的角度出发，商标在先使用应被定性为一种"不构成侵权的抗辩手段"。它仅是一种消极对抗商标权人侵权请求的抗辩手段，在先使用人仅能在原使用范围内继续使用商标，并不具有在原使用范围内排除他人使用的排他权。但理论界同样存在认为应赋予在先使用人在原使用范围内全部排他权的观点，其从商标在先使用制度的具体规定与《反法》第 6 条第 1 项规则相冲突的视角，试图论证赋予在先使用人在原使用范围内全部排他权的应然性。此"全部排他权"是指，在先使用人在原使用范围内享有与商标权人同等的权利，其不仅可以在原使用范围内继续使用其在先商标，还可以禁止包括商标权人在内的任何第三人在原使用范围内使用其在先商标，一旦发现在其原使用范围内存在任何第三人使用其在先商标的行为，在先使用人可以要求其停止使用，并主张相应的损害赔偿。

一、一般认为在先使用人不具有排他权

从本质上讲，"商标在先使用"是商标权权利限制的一部分，它是为平衡在先使用人的利益与商标注册权人的利益而由法律拟制的一种权利限制或权利的例外。正是基于这种利益平衡的需要，在先使用人基于自己的在先使用行为所产生的合法利益应受到保护。商标在先使用制度之所以入法，核心在于商标法立法价值取向由原来单纯保护注册商标发展成保护注册商标专用权前提下重视对商标的"实际使用"。通过法律规定，允许在先使用并产生一定影响的使用人可在原使用范围内继续使用在先商标，在商标权

人提出侵权请求时,在先使用人可以依据法律规定进行不侵权抗辩,这实质就是对"实际使用"的确认,对使用形成的"自然状态"的保护回应了商标法新的立法价值取向。

但是,对在先使用商标的保护不得动摇商标注册取得制度的根基。当前在中国取得商标注册专用权的形式只能是通过注册,虽然对商标实际使用行为予以相应保护,但这种保护不能是以授予独立实体权利的形式存在,否则使用与注册商标都能获得排他权,必定会对单一注册取得制造成冲击。基于此种考量,理论上一般认为在先使用人可在原使用范围继续使用其在先商标,但"商标在先使用"仅是一种消极对抗商标权人侵权请求的抗辩,或在先使用人被动防御的工具,法律并未赋予在先使用人在原使用范围内排除他人使用的排他权。

二、应赋予在先使用人全部排他权的论证逻辑

部分学者从商标在先使用制度的具体规定与《反法》第6条第1项规则相冲突的视角,试图论证赋予在先使用人在原使用范围内全部排他权的应然性,[1]并沿以下论证逻辑证明其观点的正确性。

支持此观点的学者认为,除《商标法》对在先使用并产生一定影响的在先商标进行保护外,《反法》中同样存在关于未注册商标保护的相关规定。1993年颁布实施的《反法》就明确对未注册商标予以保护。[2]虽然2019年新

---

[1] 持这种观点的主要代表学者是冯术杰教授。参见冯术杰:《限制注册商标权:商标先用权制度的改革路径》,载《知识产权》2019年第8期,第74—77页。

[2] 理论界的学者从不同角度论证了未注册标识作为《反不正当竞争法》保护对象的理由。参见黄晖:《反不正当竞争法对未注册商标的保护》,载《中华商标》2007年第4期,第20页;另见张鹏:《我国未注册商标效力的体系化解读》,载《法律科学》(西北政法大学学报)2016年第5期,第139页;冯术杰:《未注册商标的权利产生机制与保护模式》,载《法学》2013年第7期,第39—47页。尽管由于法条用语的局限性,法院很多时候需要把商标认定为商品名称或装潢。比如,参见最高人民法院(2007)民三监字第15-1号民事裁定书;另见最高人民法院(2007)民三监字第37-1号民事裁定书。

修订的《反法》对未注册商标进行保护规定的内容有所变化,但是其保护未注册标识的理论基础没有改变。①具体而言,商业标识只要经使用达到一定知名度的要求,就具有了《反法》所保护的正当利益,他人擅自使用该商业标识,且容易造成相关公众混淆时,商业标识使用人就可以依《反法》第6条第1项的规定向法院主张申请排除第三人的使用。这便意味着,在先使用并产生一定影响的在先商标,也满足"商业标识通过使用达到一定知名度"的要求,具有《反法》所保护的正当利益,在先使用人同样可以主张《反法》对自身权益予以保护。

既然在先使用并产生一定影响的在先商标,既可以通过商标在先使用制度规定主张在原使用范围内继续使用,又可以通过《反法》主张排除他人对其在先商标的使用,这样便容易形成商标权利同反不正当竞争权益相冲突的局面。这种冲突具体表现在,若在先使用并产生一定影响的在先商标的使用人向法院提出请求,要求依据《反法》第6条第1项的规定,排除商标权人的使用,法院应否支持在先商标使用人的主张? 也就是说,法院应否根据在先使用人的反不正当竞争权益排除商标权人权利? 再如,若存在第三人使用在先商标,且恰巧在在先使用人原使用范围内使用,此时商标权人当然可以依据商标法规定,出于维护其商标权利的目的,要求此第三人停止使用商标并赔偿损失;但在先使用人也可依据《反法》第6条第1项的规定,出于维护其反不正当竞争权益的目的,要求此第三人停止使用商标并赔偿损失。此时第三人应向在先使用人赔偿损失,还是向商标权人赔偿损失? 以上假设中就反映出商标权利与反不正当竞争权益的冲突。

商标在先使用制度旨在平衡在先使用人利益与商标权人利益,为合理

---

① 参见孔祥俊:《反不正当竞争法新论》,人民法院出版社2001年版,第329—330页。另见王太平:《我国知名商品特有名称法律保护制度之完善——基于我国反不正当竞争法第5条第2项的分析》,载《法商研究》2015年第6期,第185页;姚鹤徽:《知名商品特有名称反不正当竞争保护制度辩证与完善——兼评〈反不正当竞争法(修订草案送审稿)〉》,载《法律科学》(西北政法大学学报)2016年第3期,第131页。

分割在先使用人合法利益与商标权人利益,其规定在先使用人仅可在原使用范围内继续使用在先商标,并且权利人可要求其附加区别标识。但有学者指出,"商标在先使用制度只是形成了在先商标与商标权人注册商标共存的状态,而没有明确规定共存商标在禁止权与损害求偿权方面的冲突处理"①。依照对商标在先使用的理解,商标在先使用仅是对权利的限制或权利的例外规定,在先使用人仅有对抗商标权人禁止权的抗辩权,不具有请求法院禁止他人使用的禁止权或向第三人请求损害赔偿的求偿权。不过并非所有商标在先使用人都不得禁止他人使用,若在先商标的使用达到驰名的状态,商标使用人当然可以依照未注册驰名商标保护的规定阻止他人注册并使用商标。但是,事实上,如果存在第三人未经许可在在先商标知名度覆盖的地域范围内使用商标的情况,不仅商标权人可以依《商标法》维护其合法的商标权利,在先使用人也可以通过《反法》维护其正当竞争权益。不论是商标权利人还是在先使用人,都可以请求法院禁止第三人使用该在先商标,且要求第三人赔偿相应损失。商标权人请求权的基础在于通过申请注册获准的商标权利,在先使用人请求权的基础在于通过对未注册标识使用产生知名度后获得的正当竞争权益。两者都存在正当的请求权基础。这样,基于注册制度而拟制的商标权就与基于使用制度而承认的反不正当竞争权益发生了冲突。②

从两法对商誉保护的视角,商标上所承载的商誉是《商标法》保护商标的基础。③在先商标能够获得保护,在于在先使用人通过其诚实善意的劳动,获得了足够可供保护的利益,这部分合法利益即是指在先使用人通过使用行为形成的商誉,《商标法》之所以对在先使用人合法利益予以保护,就是因为此商誉的存在。同理,《反法》之所以对具有知名度的在先商标进行保

---

① ② 参见冯术杰:《限制注册商标权:商标先用权制度的改革路径》,载《知识产权》2019 年第 8 期,第 76 页。
③ 同上文,第 79 页。

护,就是因为在先商标承载着相应的商誉,而这部分商誉就相当于在先使用人的正当竞争权益,一旦他人侵犯这种权益,在先使用人当然可以依据《反法》的规定排除他人使用。商标注册制度是以宏观效率为目的建立的商标使用秩序,《反法》是为保护真实商誉确立的商业标志使用秩序。鉴于商誉保护在商标法上的重要地位,对效率目的的价值追求必须对商誉保护做出足够的妥协。这就要求在后商标注册人在在先使用人建立商誉的地域内不仅不能使用其商标,也不应享有请求权,该地域范围内的排他权应被完整地赋予在先使用人。[①]

基于以上的论证逻辑,学者指出,当前立法者对注册商标权的保护水平过高。"应当在商标在先使用制度中进一步增加对注册商标权的限制以更好地平衡各方利益,使得该制度更加公平和高效,以解决商标在先使用制度适用不足。"[②]这种限制指否定在后注册商标权人在原使用范围使用商标的排他权,而将排他权赋予给在先使用人,即赋予在先使用人在原使用范围内全部排他权:在先使用人在原使用范围内享有与商标权人同等的权利,其不仅可以在原使用范围内继续使用其在先商标,并且可以禁止包括商标权人在内的任何第三人使用其在先商标,一旦发现在其原使用范围内存在任何第三人使用其在先商标的行为,在先使用人可以要求其停止使用,并主张相应的损害赔偿。

理论上一般认为,商标在先使用仅是一种不侵权抗辩,在先使用人仅可主张就其在先使用产生的合法利益予以保护,在原使用范围内继续使用商标,而不享有其他任何权利。但同样有观点认为,从商标权利与不正当竞争权益冲突的视角来看,应支持在先使用人在原使用范围内享有全部排他权。关于商标在先使用制度中在先使用人是否享有排他权依然存在争议。

---

① 参见冯术杰:《限制注册商标权:商标先用权制度的改革路径》,载《知识产权》2019 年第 8 期,第 80 页。
② 同上文,第 81 页。

本 章 小 结

使用在先并产生一定影响的在先使用人能够援引商标在先使用制度对自身合法利益进行保护,但在适用商标在先使用制度过程中,却存在诸多尚未解决的争议与疑难。在某些情况下,在先使用人的合法利益不仅不能得到保障,商标注册权人的利益也会受到损害,相关公众不被混淆误导的公共利益同时也受到损害。概括言之,涉及商标在先使用制度的争议与疑难主要包括三部分内容。一是缺乏对商标在先使用制度的系统性研究。从已有研究文献中可以看出,理论和实践中,学界多针对制度中的部分规则进行研究,即使偶有系统方面的探讨,对构成要件或行使限制的研究也多是浅尝辄止、论证不足,并未形成完整的系统理论。二是商标在先使用制度构成要件厘定不清。对"使用在先"要件的判断标准不一,具体表现为在先使用中的使用与传统意义上商标性使用是否一致存在争议,"使用在先"要件中"在先"判定标准存在争议;认定"一定影响"规则混乱,具体表现为对"一定影响"应否纳入制度构成要件存在争议,与其他法律规定中的"一定影响"区别不明,司法实践中"一定影响"认定混乱;对"善意"要件认定不明,具体表现为对"善意"应否纳入制度构成要件存在争议,缺乏在先使用中认定"善意"的具体规则等。三是商标在先使用制度的行使限制适用不明。具体表现为"原使用范围"界定不明,包括对界定"原使用范围"的时间节点存在争议,对应否限制继续使用地域范围存在争议,对应否限制生产规模存在争议,对网络环境下"原使用范围"界定缺乏研究;缺乏"附加适当区别标识"的具体规则设置,未妥善解决如何"附加"、何为"适当"等问题。四是理论界还存在应否赋予在先使用人在原使用范围内全部排他权的争议。

因此,本书认为,有必要针对当前的争议与疑难,开展商标在先使用制度的整体性研究，并借鉴域外关于商标在先使用规定的有益部分，同时从理论与实践的角度进一步廓清商标在先使用制度的具体内容，实现商标在先使用制度平衡在先使用人通过使用形成的合法利益、商标注册权人的利益和社会公众公共利益的目的与宗旨。

第三章
域外商标在先使用的规定及比较

域外多数国家或地区均有关于商标在先使用的规定。考察域外关于商标在先使用的具体规定，并进行比较研究，有利于帮助解决现阶段中国关于商标在先使用制度的理解与适用争议。在考察域外关于商标在先使用的规定及进行比较研究时，仍应从具体构成要件、行使限制及应否赋予在先使用人在原使用范围内全部排他权三部分出发，对商标在先使用中构成要件的具体内容、行使限制中的具体构成和赋予在先使用人在原使用范围内全部排他权的具体规定进行域外法阐释、考察，并同中国与之对应的规则进行比较。

第一节　域外关于商标在先使用
构成要件的规定及比较

关于商标在先使用的讨论，主要集中于奉行单一注册取得商标权的国家。但是在奉行使用取得与混合取得商标权的国家也存在商标在先使用的讨论，譬如在奉行使用取得商标权的美国就存在商标在先使用人与在后使用人共存的情况①。通过对"使用在先"要件规定的域外法的考察和比较，我们可以辨

①　参见 Hanover Star Milling Co. v. Metcalf-240 U.S. 403，36 S. Ct. 357(1916)。

别,域外国家或地区在立法或判例中一般要求"使用在先"中的"使用"应具有持续性特征,且认为在境外使用但在境内产生一定影响的使用行为不符合"使用在先"中"使用"的要求,同时也可以梳理域外关于判定"在先"的标准。考察域外关于"一定影响"认定的具体规则,例如"一定影响"产生的时间节点判断、"一定影响"须辐射的地域范围大小、认定"一定影响"须参考的因素等,总结、借鉴对具体规则中的有益部分,有利于构建适合于中国实际的"一定影响"认定规则。通过考察和比较"善意"认定规则的域外法,我们可以总结出当前关于认定在先使用人主观是否"善意"须参考的标准及因素。

一、"使用在先"判断的域外法查考及比较

从对"使用在先"要件中"使用"的判断来看,域外各国或地区立法或判例中对"使用"大多提出了持续性要求,并且多数认为对于在境外使用但在境内产生一定影响的使用行为不符合"使用在先"要件中"使用"的要求,即"使用"应被限定为国内使用。在判定"在先"的标准上,域外各国或地区所持标准并不相同,比如《英国商标法》关于"在先"的判定,要求在先使用行为既要先于商标申请日,又要先于商标权人使用之日,与中国商标在先使用制度坚持的"双重优先"判定"在先"标准相同,但是与中国商标在先使用制度规定更为相近的日本,却仅要求"在先"满足先于"商标申请之日"的条件即可。同中国学者关于"在先"判定标准的争论类似,各国或地区立法或判例中对"在先"判定标准也存在诸多差异。

（一）"使用在先"要件中的"使用"应为持续性使用

域外各国或地区立法或判例中对"使用"均提出了持续性要求,"使用在先"要件中的"使用"应为持续性使用。例如《英国商标法》规定,在先使用人的使用应符合持续性要求[1],具体指在先使用人必须证明,其在商标申请日

---

[1]　参见 Article 11.3 of The Trade Mark Act 1994。

前或商标权人使用之前,已经在公开的商业行为之中对商标进行了持续性使用,才属于受法律保护的"在先使用"行为。①《日本商标法》同样明确规定,主张适用商标在先使用的在先使用人,应证明其存在"继续性使用"的行为②,除非存在特殊情形才可中断对在先商标的继续使用。③虽然"继续性使用"与"持续性使用"的表达存在差异,但原意均是指在先使用人须存在持续使用在先商标的行为。

从立法对商标在先使用制度的具体规定来看,中国对在先使用人的"使用"并未提出持续性使用要求,亦未有与此相关的任何规定或解释。但是,理论界大多认为"使用在先"中的"使用"应符合持续性使用要求。如"要求在先使用人对该商标的使用是连续性的"④,"先使用人应当是善意且未间断的使用人"⑤。本书认为,立法规定之所以对"使用"未提出持续性使用的要求,一是因为在先使用人若要主张适用商标在先使用予以抗辩,其对在先商标的使用应达到"一定影响"的程度,而达到"一定影响"的要求离不开在先使用人对商标的持续性使用行为;二是如前文所言,传统意义上的商标性使用中包含了"连续使用"特征,在先使用人的使用为连续使用,实则是法律的应有之义,无须言明。因此,虽然立法并未明确规定"使用在先"要件中的"使用"应为持续性使用,但是应将持续性使用作为判定是否符合"使用在先"要件中"使用"要求的标准之一。需要说明的是,持续性使用与传统意义上商标性使用中的连续使用并不完全一致。⑥

---

① 参见 Cornish, Supra note 20; Groves, Supra note 19, p.607。
② 参见杜颖:《商标先使用权解读——〈商标法〉第 59 条第 3 款的理解与适用》,载《中外法学》2014年第 5 期,第 1366—1367 页。
③ 特殊情形指:因季节性原因而中断使用,或者因为社会经济上的情势而不得已中断使用的,不破坏继续使用构成要件。参见[日]小野昌延、三山峻司:《新·商标法概述》,青林书院 2009 年版,第 289 页。
④ 吴汉东:《知识产权法学》(第四版),北京大学出版社 2014 年版,第 314 页。
⑤ 王艳丽:《论商标权的限制》,载《科技与法律》2002 年第 1 期,第 117 页。
⑥ 关于此点,参见后文详析。

（二）"使用在先"中的"使用"应为"境内使用"

除对在先使用中的使用有持续性要求之外，域外各国或地区法规多数强调"使用"应被限制为境内使用。在境外使用并在境内产生一定影响的使用行为，不应被认定为在先使用中的"使用"行为。

譬如，《美国兰哈姆法》明确要求商标的使用行为均须在境内完成，尤其包括在先使用行为。[①] 如此规定意味着，商标被他人在境外使用并在美国境内产生一定影响的在先使用人无法获得保护。需要注意的是，在商标权原始取得上，美国采用商标使用取得制，"使用"相当于商标中的"圣经"，对"使用"地域加以严格之规定，也是为了避免境外商标使用人通过"使用取得"之规定不在境内使用便获得商标权利，使国内商标权人利益造成损害，并破坏国内市场。英国同样要求在先使用人必须存在本土经营行为，即"使用在先"中的"使用"须为"境内使用"。在"The Crazy Horse Saloon"商标纠纷案[②]中，审理法院指明，商标要想获得保护，必须与英国当地相关公众产生特定联系，且商标使用人要有本土经营行为。即使存在在先使用人通过境外使用而使其在先商标在英国境内产生一定影响的情况，若其不存在本土经营行为，此种在先使用也难以获得《英国商标法》上的承认与保护。[③]同样，《韩国商标法》也有类似规定，其第 57 条第 3 款中明确载明，对于善意的在先使用行为，在先使用人对在先商标的使用行为必须是在韩国境内完成的，对于在境外使用并在境内产生一定影响的在先使用行为，商标法不予以在先使用的保护。[④]

从比较法研究的视角看，对境外使用并在境内产生一定影响的在先使

---

① 参见 J. Thomas McCarthy，*McCarthy on the Trademarks and Unfair Competition*，§ 17：9 Eagan：Thomson Reuters，2013。

② 参见 Bernardin(Alain) et Cie v. Pavilion Properties Ltd，[1967] F.S.R.341。

③ 参见董美根：《英国商誉保护对我国商标专用权保护之借鉴》，载《知识产权》2017 年第 5 期，第 83 页。

④ 参见《韩国商标法》第 57 条第 3 款。

用行为不予以保护是合理的。商标权这一专用权具有极为严格的属地性，如果允许境外使用商标并使商标在境内产生一定影响的在先使用人可以主张商标在先使用保护，则可能造成如下后果：一是不受境外保护的未注册商标反而可以获得本国商标法保护，二是使本国商标权人始终背负境外"在先使用"的负担，实质不合理地分割了商标权人的权利，不利于本国商标权人品牌的培育与发展。允许"使用在先"中的"使用"包括境外使用行为，实质是对商标权人权利的不合理限制，不仅增加商标权人的负担，还不利于本国品牌的培育。因此，无论从范式国家的商标法还是从培育本国创新品牌的视角来看，商标在先使用显然不应适用于境外使用并在境内产生一定影响的在先使用行为，否则，"既不利于一国商标权管辖主权的实现，也不利于国家竞争能力的提升和创新收益的最大化"。①

（三）域外关于"在先"的判定标准存在差异

从域外各国或地区立法或判例中关于判定"使用在先"中"在先"的标准来看，域外各国或地区并未形成统一标准。根据《美国兰哈姆法》的规定，在先使用应先于商标申请之日，但若是在法案修改前注册的商标，那么应先于该商标的重新公告之日。②《日本商标法》同样要求在先使用人应先于商标申请注册之日前就存在使用行为③，但是，《英国商标法》则要求在先使用人对在先商标的使用既要早于商标申请注册之日，还要早于商标权人使用之日，唯有达到此标准，在先使用人才可以主张存在在先使用行为。④总结而言，域外各国或地区立法或判例中对"使用在先"要件中判定"在先"的标准，

---

① 黄汇：《商标使用地域性原理的理解立场及适用逻辑》，载《中国法学》2019 年第 5 期，第 90 页。

② 参见 Graeme B. Dinwoodie & Mark D. Janis, *Trademarks and Unfair Competition：Law and Policy*, New York：Aspen Publishers, 2007, p.231。

③ 参见［日］森智香子、广濑文彦、森康晃：《日本商标法实务》，北京林达刘知识产权代理事务所译，知识产权出版社 2012 年版，第 158 页。

④ 参见 Michael Pulos. *A Semiotic Solution to the Propertization Problem of Trademark*, Bmj Case Reports, 2006, pp.833—869。

大多要求在先使用行为先于商标申请注册之日即可,比如日本、美国等。少数国家要求在先使用行为既要先于商标申请注册之日,还要先于商标权人使用之日,与中国商标在先使用制度中对"在先"标准的判定要求相同,都采用"双重优先"标准判定"在先"。

从商标在先使用制度的具体规定来看,中国关于商标在先使用制度的安排更接近《日本商标法》。但是,与中国要求"在先"须达到"双重优先"标准不同,《日本商标法》仅要求"在先"满足先于商标"申请注册之日"的标准即可。诚如前文对"双重优先"标准提出的质疑,在对"在先"的判定标准上,需要进行更为细致的探究,不能直接照搬域外法的规定。对"在先"判定标准的确定,应考量商标在先使用制度设立的初衷,以及平衡商标权人利益与在先使用人合法利益的最终目的,并结合中国立法及司法的实际状况再作判断。

二、"一定影响"认定的域外法查考及比较

域外各国或地区立法或判例中对在先商标应否具备"一定影响",以及认定在先商标是否达到"一定影响"时须参考的具体因素,同样存在相应规定。

(一) 域外关于在先商标"一定影响"认定的立法现状

美国是商标使用取得制国家,商标使用人通过使用获得商标权。他人若想获得商标权,必须在申请注册时递交相关使用证明。但是,美国同样存在商标在先使用的规定。[①]这是因为,对于在先使用人而言,其虽可以通过向专利商标局或法院证明其存在使用在先行为而申请撤销在后注册人商标,但由于申请撤销程序漫长,以及需要高额诉讼费用作为支撑等原因,存

---

① 参见 Graeme B. Dinwoodie & Mark D. Janis, *Trademarks and Unfair Competition: Law and Policy*, New York: Aspen Publishers, 2007, p.231。

在在先使用人不愿去申请撤销而仅要求在原使用范围内继续使用的情形，同时若在先使用人的原使用地域范围与在后注册人的使用地域范围相隔较远，且相关公众不会造成混淆时，在先使用人也可对其在先商标进行注册，实现并存注册。正如《美国兰哈姆法》第 33 条中明确载明的那样，"若在商标申请注册之日或注册公告之日前，已经存在在先使用人持续使用争议商标的情况，在后注册人无权禁止其使用，在先使用人可在原使用范围内继续使用其在先商标，当然在先使用人应为使用在先"。①除此之外，《美国兰哈姆法》还规定，若在先使用人的在先商标与在后注册人的商标因各自使用地域相隔较远，或通过各自持续使用等情形不会引起相关公众混淆或误认，则两者均可以进行商标注册。当然，要实现并存注册，需要在先使用行为为持续使用，且在特定区域内具备"一定影响"。②

《日本商标法》中商标在先使用的规定与中国最为接近，对在先商标的使用同样有影响力的要求。只是相较于中国《商标法》规定在先商标的使用应满足"一定影响"要求，《日本商标法》使用了"广为认知"的表达，要求在先商标的使用应达到"广为认知"的程度。③《韩国商标法》第 57 条第 3 款明确规定在先商标的使用应达到"一定影响"，并严格规定"一定影响"产生的时间点为商标申请注册之日，同时还规定，"在先使用人应是没有故意从事不正当竞争的意图而持续使用商标"。④《英国商标法》则强调，在先使用应在"特定地域（particular locality）范围内持续使用"，⑤对于"特定地域"的理解，有学者将其释为"有限的地域范围内"（limited geographical area）⑥，或

---

① 参见 Section 33(b) (5) of the LANHAM ACT。
② 参见 Section 2 of the LANHAM ACT。
③ 参见《日本商标法》第 32 条。
④ 参见《韩国商标法》第 57 条第 3 款。
⑤ 参见 Michael Pulos，*A Semiotic Solution to the Propertization Problem of Trademark*，Bmj Case Reports，2006，pp.833—869。
⑥ 参见 Peter J. Groves，*Source Book on Intellectual Property Law*，Cavendish Publishing Limited，1997，p.607。

称其为"纯粹的区域性使用"（Purely Local Use）①，相当于对在先使用人提出了"一定影响"的要求。

从域外关于在先商标"一定影响"认定的立法现状来看，大多数国家或地区均直接在法律规定中明确要求在先使用人对在先商标的使用应达到"一定影响"的程度。中国台湾地区有关规定虽然未明确规定此要件，但是在具体司法实践中，法院要求在先使用人须证明其在先使用的地理区域，且继续使用范围不得超出此地理区域范围，比如"老夫子"商标纠纷案②，相当于对在先商标提出了"一定影响"的要求。可以说，"一定影响"作为商标在先使用要件之一存在，已经成为域外各国或地区的共识。

（二）域外认定在先商标"一定影响"考量的具体要素

域外国家立法或判例中关于"一定影响"的认定，主要依据"一定影响"产生的时间、在先商标的持续使用时间、在先商标使用覆盖的地域范围大小、公众对在先商标的知晓程度等具体要素进行综合判断。

从认定"一定影响"产生时间来看，域外国家大多坚持以商标申请之日作为认定"一定影响"产生时间的标准。比如，《日本商标法》要求在先商标的使用应在他人注册申请之时达到"广为认知"的程度，《韩国商标法》要求在先商标的使用应在他人申请注册之际满足"一定影响"的要求。《美国兰哈姆法》要求在特定区域内具备"一定影响"的时间应在在后注册人商标申请注册之日或商标重新公告之日之前。③《英国商标法》规定"一定影响"产生的时间既应先于申请注册之日，也要先于商标权人使用之日。

同时，域外国家法规大多对商标在先使用的持续使用时间存在要求。如《美国兰哈姆法》要求"需要在先使用行为为持续使用"，《英国商标法》强

---

① 参见 W.R.Cornish, *Intellectual Property*, 3rd ed, Sweet & Maxwell, 1996, p.630。

② 参见台南地方法院 97 年易字第 2152 号民事判决书。

③ 适用商标重新公告之日的对象应为《美国兰哈姆法》法案修改前注册的商标。参见 Graeme B. Dinwoodie & Mark D. Janis, *Trademarks and Unfair Competition: Law and Policy*, New York: Aspen Publishers, 2007, p.231。

调在先使用应在"特定地域范围内持续使用"①,《韩国商标法》规定在先使用人应是没有故意从事不正当竞争的意图而持续使用商标②等。

域外国家在认定在先商标是否具备"一定影响"时,大多比较关注在先商标使用覆盖的地域范围大小,以及该地域范围内相关公众对该在先商标的知晓程度。例如《美国兰哈姆法》强调在先商标应在"特定区域内"形成一定影响,《英国商标法》强调在"特定地域范围内"达到一定影响。在日本,司法实务界普遍认为,在先商标的使用应达到"广为认知"的程度,这种"广为认知"所指代的范围不能过于狭小,譬如在几个町的范围内不能算作已被相关公众广为认知。③《德国商标法》同样存在商标在先使用的具体规定,要求在先使用应形成"一定影响",是否形成"一定影响"应根据商标所附商品或服务的流通效果来确定,并释明在先商标所附的商品或服务不必流通于全国,只需要在商品或服务经营所处的经济圈内享有声名即可。④

在认定在先商标是否具备"一定影响"的其他参考因素方面,各国或地区在具体司法实践中也进行了相应总结。美国一般以在先商标的市场渗透度来判断在先商标是否达到一定影响的程度,具体考察以下因素:在先商标所附商品或服务的销量、每年在先商标所附商品或服务销售增长率的变化、知晓该在先商标存在的相关公众的数量,以及在先使用人对在先商标进行广告宣传的程度等。⑤除此之外,日本法院还会将在先商标所附商品或服务

---

① 参见 Michael Pulos, *A Semiotic Solution to the Propertization Problem of Trademark*, Bmj Case Reports, 2006, pp.833—869。

② 参见《韩国商标法》第 57 条第 3 款。

③ 参见 Daniel J. Gervais, *International Intellectual Property*. Edward Elgar Publishing Limited, 2015, pp.341—407。

④ 参见 Annette Kur & Martin Senftleben, European Trademark law, Oxford University Press, 2017, pp.405—491。

⑤ 参见 Mark P. McKenna, "Trademark Use and the Problem of Source", *University of Illinois Law Review*, 2009, pp.773—831。

的销售形式等作为认定"广为认知"的补充因素。①

　　至于中国,理论上对"一定影响"应否纳入制度构成要件仍存争议,商标在先使用制度中的"一定影响"与其他法律规定中的"一定影响"有何区别厘定不清且适用混乱;在具体司法实践中,中国法院在判定在先商标是否达到"一定影响"时,往往缺乏统一的标准,缺少认定"一定影响"具体的参考因素,对认定产生"一定影响"的时间存在争议,甚至出现不作"一定影响"认定进行判决的情况,对哪些证据可以作为认定"一定影响"依据也存在不确定性。总体而言,当前中国关于商标在先使用制度中"一定影响"的认定,既存在理论上的争议,也存在司法实践认定混乱的情况。本书认为,可以借鉴域外关于"一定影响"认定的具体规则,同时结合商标在先使用制度设立的初衷,从维护利益平衡的最终目的的视角出发,进一步形成并完善中国关于在先商标"一定影响"认定的完整规则。

三、"善意"认定的域外法查考及比较

　　日本关于商标在先使用的规定,最早出现于 1921 年(大正 10 年)《日本商标法》,其要求在先使用人的主观状态必须为"善意",②后在判例以及一般观点中,此"善意"被解释为"无进行不正当竞争的恶意"。现行《日本商标法》已经明确用"非基于不正当竞争的目的"取代"善意"。③《英国商标法》对在先使用人同样有善意的要求,并在具体判例中对善意进行了解释:"在先使用人应为善意才可以申请保护,善意是指在先使用人无任何攀附在后注

---

①　参见佟姝:《商标先用权抗辩制度若干问题研究——以最高人民法院公布的部分典型案例为研究范本》,载《法律适用》2016 年第 9 期,第 64—69 页。

②　1921 年(大正 10 年)《日本商标法》第 9 条规定:"于他人的注册商标申请注册之前,在同一或类似的商品上,善意使用已被交易方或消费者广为认识的同一或类似标志时,尽管他人商标已经获得注册,仍得以继续使用。"转引自杜颖:《商标先使用权解读——商标法第 59 条第 3 款的理解与适用》,载《中外法学》2014 年第 5 期,第 1360 页。

③　参见汪泽:《论商标在先使用权》,载《中华商标》2003 年第 3 期,第 38 页。

册人声誉的意图,且在先使用人的行为不存在任何欺骗。"①

从域外各国或地区立法或判例中对"善意"的解释来看,多数强调在先使用人主观上不得存有攀附商誉的意图,或存在任何"搭便车"的目的,或具有任何不正当竞争的目的及意图。攀附商誉或"搭便车"指在先使用人在对在先商标进行使用时,向相关公众明喻或暗喻其与商标权人存在相应的合作关系,或其就是商标权人在此区域内的代理人,借助此种明喻或暗喻行为达到利用商标权人的商誉攫取不正当利益的目的,还指在先使用人在对在先商标进行使用时,明确指明或暗示其在先商标所附商品或服务就是商标权人提供的商品或服务,从而使相关公众误认为其购买的商品或服务就是商标权人提供的商品或服务,从而搭上商标权人的"便车",获取不正当利益。从实质而言,攀附商誉或"搭便车",都是不正当竞争行为的一种,在先使用人获得的都是不正当竞争利益,或其实两者都是在先使用人从事不正当竞争的表现形式。因此,域外各国或地区立法或判例关于"善意"的解释本质上都是强调在先使用人主观上不得具有不正当竞争目的或意图。换言之,若在先使用人对在先商标的使用行为不存在任何不正当竞争目的或意图,此时在先使用人主观上应为"善意"。一旦在先使用人打破正当竞争行为的界限,试图利用商标权人的商誉或搭商标权人的权利"便车"攫取不正当竞争利益,此时在先使用人主观上就很难被认定为属于"善意"。

因此可以认定,域外多数国家或地区都将"善意"作为商标在先使用的构成要件,但在认定"善意"这一主观要素时,依据在先判例或立法规定确立了不同的认定参考因素。总体而言,在对在先使用人"善意"认定时,域外多数国家或地区均要求在先使用人对在先商标使用时不得存在任何不正当竞争的目的或意图。结合前文关于认定"善意"的困境,以在先使用人进行使用行为时是否存在不正当竞争之目的或意图,即"非为不正当竞争的目的或

---

① 参见汪泽:《论商标在先使用权》,载《中华商标》2003 年第 3 期,第 38 页。

意图"替代"知情与否"解释"善意"的做法,具有一定的合理性,值得借鉴。但是,本书认为,需要结合商标在先使用制度入法的本意和当前中国司法之具体实际,对"非为不正当竞争的目的或意图"做纵深解释,且将域外各国或地区关于"善意"认定的参考因素纳入解释范畴,以形成完整的商标在先使用制度理论与规则。

第二节　域外关于商标在先使用
行使限制的规定及比较

从前文关于商标在先使用的定性来看,商标在先使用仅是在先使用人对抗商标权人的一种抗辩手段,在先使用人只有在符合严格的构成要件的前提下才可适用商标在先使用制度,继续在原使用范围内使用商标,且需要应权利人的请求附加适当区别标识。在符合制度构成要件的前提下,在先使用人对在先商标的使用也并非毫无限制,根据中国商标在先使用的规定,在先使用人仅能在原使用范围内继续使用商标,并且若存在权利人要求附加区别标识的情况,在先使用人还应在所附商品或服务上附加适当区别标识。域外多数国家或地区同样存在相关规定,要求在先使用人在对在先商标进行使用时,应在"原使用范围"内继续使用,且必要情况下"附加区别标识"。

从界定"原使用范围"的域外法考察及比较来看,域外多数国家或地区均要求在先使用人仅能在原商品或服务类别上使用在先商标,部分国家还存在"原使用地域范围"的限定,即要求在先使用人仅能在"原使用地域范围"内继续使用在先商标。由此可以看出,域外关于"原使用范围"界定的争议,与中国理论与实务中关于"原使用范围"界定的争议基本是一致的,都比较关注在界定"原使用范围"时,应否将在先使用人使用范围限于"原使用地域范围"。同时,在"附加区别标识"这一行使限制上,《日本商标法》与中国台湾地区的有关规定提供了一些有益经验。

一、"原使用范围"界定的域外法查考及比较

规定商标在先使用的国家或地区法规,基本都对在先使用人的继续使用范围进行限制。唯有将在先使用人继续使用范围限于"原使用范围"内,才能实现既保障在先使用人合法利益,又不损害商标权人权利,实现利益平衡。但是对"原使用范围"的具体内容,各国或地区法规所持的标准并不一致。

从具体的立法规定来看,在对"原使用范围"界定上,《日本商标法》要求在先使用人仅能在原商品或服务类别上继续使用其在先商标,[①]实质将"原使用范围"限定于"原商品或服务类别"。《韩国商标法》也有相同的规定,要求在先使用人仅能在原商品上继续使用,不得跨越商品类别。[②]中国台湾地区有关规定同样要求,符合商标在先使用的在先使用人仅能以原商品或服务类别为限继续使用其在先商标。[③]有所区别的是,《瑞士商标法》要求在先使用人仅能在现有程度(same extent)内继续使用,[④]以"现有程度"替代了"原商品或服务类别"的表达。

从以上分析可知,域外国家或地区在相应法律条文之中,多数还是要求在先使用人仅能在原商品或服务类别上使用在先商标,即"原使用范围"限于"原商品或服务类别",而对"原使用地域范围"并无限制。将"原使用范

---

① 参见[日]纹谷畅男:《商标法50讲》,魏启学译,法律出版社1987年版,第237页。

② 参见《十二国商标法》翻译组:《十二国商标法》,清华大学出版社2013年版,第290页。

③ 参见汪泽:《论商标在先使用权》,载《中华商标》2003年第3期,第37页。

④ Article 14.1 of Federal Act on the Protection of Trade Marks and Indications of Source: "The proprietor of a trade mark may not prohibit another person from continuing to use a sign to the same extent as already previously used prior to the filing of the application."需要说明的是,在张耕、李燕、邓宏光所著的《商业标志法》中,将"same extent"译为"现有范围",本书将其译为"现有程度"。参见张耕、李燕、邓宏光:《商业标志法》,厦门大学出版社2006年版,第154页。

围"限于"原商品或服务类别",应是商标在先使用的应有之义。利益平衡是商标在先使用制度存在的理论基础。使用在先并产生一定影响的在先使用人能够援引商标在先使用制度对自身合法利益进行保护,但对这种合法利益的保护不得损害商标权人合法权益,平衡在先使用人合法利益与商标权人利益是商标在先使用制度的最终目的。而在先使用人合法利益来源于在先使用人通过其善意的诚实劳动所形成的"既存状态",一旦在先使用人对在先商标的继续使用超出此"既存状态",商标权人的权利就会受到侵犯。如果允许在先使用人对商品或服务类别进行扩张使用,当然属于超出"既存状态"的情形,这种做法不正当地扩大了在先使用人的利益保护范围,挤压了商标权人的权利空间。因此,从利益平衡的视角来看,将继续使用范围限于"原商品或服务类别",是完全合理的。

但是,域外国家或地区关于商标在先使用的具体立法规定大多未要求限制"原使用地域范围"。不过,从域外具体司法实践来看,存在对在先使用人继续使用范围施以地域限制的情形。如在日本"广岛 DDC"商标纠纷案[1]中,审理法院就明确,在先使用人继续使用范围不得超出其广为认知的范围,因为对于广为认知之外的范围,在先使用人并不存在任何可供值得保护的商誉,因此不存在任何保护的必要。中国台湾地区法院审理的"老夫子"商标纠纷案[2]中,法院最终认为,不必要对店数进行限制,但是对此放宽限制不及于在地理区域上的扩张。[3]换言之,法院仅认可在先使用人在原使用地理区域内使用其在先商标,对于在原地理区域外使用在先商标的行为不予支持。

回顾前文,在界定"原使用范围"时,中国理论界也存在应否对"原使用地域范围"进行限制的争议。反对对"原使用地域范围"施以限制的理由主

---

[1]　参见广岛地方法院福山支部昭和 57 年(1982 年)9 月 30 日判决,转引自杜颖:《商标先使用权解读——商标法第 59 条第 3 款的理解与适用》,载《中外法学》2014 年第 5 期,第 1364 页。

[2][3]　参见台南地方法院 97 年易字第 2152 号民事判决书。

要包括:其一,受举证等因素的影响,实践中难以圈定"原使用地域范围";其二,从域外各国或地区立法规定来看,多数仅在立法中要求限制"原商品或服务类别",而不存在"原使用地域范围"的限制。不过,虽然域外多数国家或地区在立法中并未对使用地域范围施以限制,但在具体司法实践中,法院一般要求在先使用人的继续使用范围仅能在原地理区域范围内,或不得超出原使用地域范围。也就是说,域外多数国家或地区仍是支持限制原使用地域范围的。

从比较法的视角来看,中国地域宽广、幅员辽阔,如果不将在先使用人的继续使用范围限定在原使用区域,就会出现在先商标与商标权人商标在全国范围内共存的状况。这样不仅严重挤压了商标权人的权利空间,相关公众也会因为在先商标与商标权人商标相同或近似,对商品或服务来源产生混淆,相关公众依靠商标识别商品或服务来源的信赖利益实际上受到了损害。不对在先使用人继续使用的地域范围加以限定,其实就相当于承认在先使用人可依商标在先使用进行全国使用的行为,实质就是认可在先使用人通过使用基本实现了商标专用权人所拥有的权利,这与中国的商标权取得制度是相冲突的。因此,本书认为,借鉴域外法规关于"原使用范围"的界定规则,排除争议,将原使用地域范围纳入"原使用范围"之内,并将原使用地域范围明确在未来具体司法判决之中,是合理的。但是对于"原使用地域范围"如何界定,仍需进一步探究。

二、"附加适当区别标识"设置的域外法查考及比较

中国立法对于何种情况下应附加区别标识、何为"适当"区别标识,以及附加区别标识的相应提请程序等均无具体规定。从域外各国或地区关于"附加区别标识"的立法规定及司法实践来看,《日本商标法》规定,在符合商标在先使用规定的情况下,商标权人或者商标的独占许可使用人,可以要求在先使用人在其商品或服务上附加适当区别标识,以避免两者提供的商品

或服务在同一市场上发生混淆。中国台湾地区有关规定在"附加区别标识",与《商标法》的规定基本相同,即商标权人可要求在先使用人附加特定标识以区分在先商标与商标权人商标。在商标在先使用制度设立前,中国《商标法》还未有"附加区别标识"的限定。

（一）"附加区别标识"的提出程序

从日本关于适用"附加区别标识"具体司法实践来看,虽然规定在商标权人要求下,在先使用人应在其商品或服务上"附加适当标记",或者"附加特定标示",但是司法实践中并未出现法院主动判定商标在先使用人应附加适当区别标识的案例。换言之,对于"附加区别标识"的提出,只有在商标权人或其独占许可使用人的要求下,法院才会对应否"附加区别标识"进行相应审查与判断,一般情况下,法院也不会主动要求在先使用人在其商品或服务上"附加区别标识"。就"附加区别标识"的提出程序而言,只有商标权人或其独占许可使用人可以提出要求,法院不得主动要求附加区别标识。

从比较法研究的视角来看,中国立法规定,在符合商标在先使用构成要件前提下,在先使用人可继续使用其在先商标,但商标权人可以要求其附加适当区别标识,但对"附加区别标识"的提出程序未作规定。部分学者主张,除商标权人要求外,法院出于防止相关公众发生混淆、保护相关公众之公共利益的目的,同样可以主动要求在先使用人附加区别标识。对比域外司法实践,此理论主张对国内在先使用人提出了更多的要求与限制。

（二）"附加区别标识"的提出时间

中国台湾地区有关规定认为,商标权人不得随意提出"附加区别标识"的要求,只有在认为在先使用人对其在先商标的使用确会引起相关公众混淆且存在损害其利益的情况下,才可向法院提出"附加区别标识"的要求。因此,商标权人应在"必要时"向在先使用人提出附加区别标识的要求,而非任意时候随意提出这种要求。

从中国《商标法》关于商标在先使用的规定来看,商标权人可以要求在先使用人附加区别标识,而不存在"必要性"这一限定。从维护相关公众依靠商标识别商品或服务来源这一公共利益来看,对商标权人提出附加区别标识时间施以必要性限制,具有合理性。因为实践中,在先使用人对在先商标的使用地域与商标权人对商标的使用地域往往是相隔较远的,且在先使用人对在先商标的使用往往也限制于一块狭小地域,而因在先商标与商标权人商标使用地域相隔较远的缘故,相关公众接触商标权人商标的可能性较小,一般情况下不会将在先商标所附的商品或服务误认为是商标权人所提供的,所以多数情况下不存在相关公众容易产生混淆的状况。当然,随着商标权人品牌培育的成功,其对商标的使用地域不断扩大,该商标最终也在这一狭小地域进行使用时,如果其使用行为易使相关公众混淆,此时就有必要提出附加区别标识。总体而言,商标权人应在"必要时"向法院要求在先使用人附加区别标识。

(三)"附加区别标识"的具体方式

关于附加区别标识的具体方式,可从以下两点进行考量。其一,附加区别标识不等同于对在先使用人使用的商标进行修改。正如日本学者所提到的那样,"附加区别标识在于防止混淆,而不得要求对在先商标本身进行任何修改,否则就相当于否定了商标在先使用本身"。[①]其二,参考日本等域外国家或地区关于附加区别标识的案例,其对区别标识附加的具体方式大多有将澄清关系的声明标注于商品包装或装潢的显著位置、附加独立的标志以示区分、突出在先商标所附商品或服务来源的产地等,并且指明,法律不应对区别标识的附加做统一性规定,附加何种区别标识应根据在先商标与商标权人商标实际使用情况而定,但可以提供相应附加方式供在先使用人与商标权人参考。

---

① [日]纲野诚:《商标》,有斐阁 2002 年版,第 783 页。

第三节　域外关于赋予在先使用人
全部排他权的规定及比较

　　从域外关于商标在先使用的具体立法规定或判例来看,域外多数国家或地区一般将商标在先使用认定为仅是一种消极对抗商标权人侵权请求的抗辩,在先使用人仅能在原使用范围内继续使用商标,并不具有在原使用范围内排除他人使用的排他权。例如,《韩国商标法》第 57 条第 3 款规定,符合商标在先使用的先使用人可在其商品上继续使用其在先商标,而未赋予在先使用人其他权利。①《瑞士商标法》中要求在先使用人仅能在现有程度内继续使用商标,②在先使用人仅可在商标权人对其提出主张时进行被动防御,并且只能在现有程度内继续使用其在先商标,商标在先使用同样是对抗商标权人禁止权的手段,属于商标权权利限制范畴。虽然《日本商标法》将商标在先使用规定在权利部分,而非权利的限制部分,但是除了早期有部分日本学者认为商标在先使用应被定性为"民事权利"以外,现今学者基本一致地认为在先使用人不能依凭商标在先使用获得"权利",③其仅可依凭商标在先使用进行抗辩,而不具有排他权利。总体而言,从域外大多数国家或地区对商标在先使用的具体规定来看,将商标在先使用视为商标权权利的限制,仅仅具有被动的抗辩效果,而不具有积极的排他效力或排他权,应是基本达成了共识。

　　然而,同样存在部分国家认可在先使用人在原使用范围内具有全部排

---

① 参见《韩国商标法》第 57 条第 3 款。

② 参见 Article 14.1 of Federal Act on the Protection of Trade Marks and Indications of Source。

③ 代表性的学者包括纲野诚、丰崎光卫、小野昌延等。具体参见［日］纲野诚:《商标》,有斐阁 2002 年版,第 780—781 页;［日］丰崎光卫:《工业所有权法》(法律学全集),有斐阁新版增补 1980 年版,第 420 页;［日］小野昌延:《商标法概说》,有斐阁 1999 年版,第 249 页。

他权的情形。

一、欧盟附前提认可在先使用人全部排他权

欧盟商标制度对于如何协调在先使用人的利益与在后商标注册人的权益同样作了相应安排。《欧盟商标条例》(European Union Trade Mark Regulation)第 9.2 条中规定,注册人在申请商标注册时,不得损害他人在先取得的权利,这是为确保在先使用人通过合法手段取得的在先权利不被损害而制定的规则,与中国《商标法》第 32 条前段"申请商标注册不得损害他人现有的在先权利"这一权利冲突条款的规定类似,也与《TRIPS 协议》第 16.1 条的规定大体一致。[①]

另外,《欧盟商标指令》(European Union Trade Mark Directive)规定,如果欧盟成员国国内的法律承认在先使用标志在局部地区的权利,则在后注册的商标权人无权禁止该在先使用标志在该局部地区的继续使用。[②]该规定意指在欧盟成员国内,根据其成员国内的法律,在先使用标志享有特定的权利,如成员国内法律既承认商标权,也承认商号权的存在,此时在后注册的欧盟商标权人无权禁止该在先标志(如商号权)在该成员国内的继续使用。除此之外,在《欧盟商标指令》第 6 章第 2 节中规定:"如果成员国法律允许,效力仅及于局部地区的在先权益所有人,有权禁止在后注册的欧盟商标在该局部地区进行使用。"[③]这表明,在成员国法律允许的前提下,在先标识的使用人可以禁止在后注册权人在其使用范围内使用,即在先使用人拥有排除包括在后注册权人在内的任何第三人对其在先商标进行使用,在先

[①] 参见 Regulation(EU) 2017/1001 of the European Parliament and of the Council of 14 June 2017 on the European Union Trade Mark。

[②] 参见 Directive(EU) 2015/2436 of the European Parliament and of the Council of 16 December 2015 to Approximate the Laws of the Member States relating to trade marks. See Annette Kur & Martin Senftleben, op.cit., p.435。

[③] 参见 Article 138 of Regulation(EU) 2017/1001 of the European Parliament and of the Council of 14 June 2017 on the European Union Trade Mark。

使用人拥有在原使用范围内的全部排他权。

但是，本书认为，根据《欧盟商标指令》的规定，赋予在先使用人拥有在原使用范围内全部排他权的前提是"成员国法律允许"，若不存在此前提，在先使用人也仅可在原使用范围内继续使用商标，而无禁止或排他的权利。《欧盟商标指令》之所以设定此例外规定，主要原因在于欧盟内部成员国众多，各成员国内部商标制度并不完全相同。绝大多数成员国采用注册取得制，但少部分成员国坚持商标使用取得制或商标混合取得制，在后两种商标取得制度下，在先使用人可以依据在先使用行为获得商标权，因此在成员国法律允许的前提下，在先使用人当然可以在原使用范围内获得如商标权同等的全部排他权的权利。甚至，部分成员国还认可"商号权"等标识权利的存在，若在后注册的欧盟商标权人进入该成员国后，发现其在后注册商标同成员国内已经在先使用并存在的商号权这一在先权利相冲突，在成员国法律允许前提下拥有商号权的在先权利人当然可以排除在后注册商标权人的权利，禁止在后注册商标权人的商标在其使用地域范围内使用。

从上文分析可知，欧盟认可在先使用人在原使用范围内享有全部排他权，但前提是需要成员国法律的允许。成员国法律允许的主要原因在于，根据成员国法律的规定，在先使用标识可以获得权利，在先权益人依照该在先权利的存在而排除在后注册人对该标识在原使用范围内的使用。

二、英国通过反假冒诉讼认可在先使用人全部排他权

在英国，在先使用人既可以寻求商标法对其合法利益进行保护，也可以通过反假冒诉讼的方式排除他人使用，对其合法利益进行保护。[1]当在先使用人依据反假冒诉讼的方法起诉商标权人时，能否排除注册商标权人对其商标的使用，英国上诉法院在"hotpick"商标纠纷案[2]中做了明确说明。审

---

① 参见 Michael Spence，*Intellectual Property*，Oxford University Press，2007，p.222。

② 参见 Inter Lotto(UK) Ltd v. Camelot Group plc. ［2003］L.L.R.699，para.31。

理法院先对在先使用人是否已经形成可供保护的合法利益进行考察,认定在先使用人通过其在先使用行为形成了可受保护的商誉,可以主张通过反假冒诉讼排除他人对其在先商标的使用,被告商标权人在其使用地域范围内的使用行为也应当排除。被告商标权人抗辩称,法律对其通过注册获得注册商标专用权的保护,应优先于在先使用人通过在先使用形成的竞争权益的保护,即使在先使用人通过在先使用形成竞争权益的时间早于其商标注册的时间。但是,被告的这种主张被审理法院否定。审理法院认为,除非被告的注册商标专用权的形成早于原告通过商标使用行为形成的竞争权益,否则原告基于在先使用行为形成的竞争权益应是优先于商标注册权人权利的,"申请注册的商标可以因为违反保护未注册标志的法律而被禁止"。[①]

因此,在英国,在先使用人通过其在先使用行为形成的竞争权益是可以用来限制在后注册人权利的。主要原因在于,在先使用人可以通过反假冒诉讼的手段排除在后注册商标权人在其原使用地域范围内的使用,也就相当于认可在先使用人在原使用范围内可以排除包括商标权人在内的任何第三人的使用,即在先使用人在原使用范围内享有全部排他权。

但需要注意的是,与中国采用的单一注册取得制不同,英国对商标权的取得采混合取得制,使用与注册均可获得商标权。依照上述取得模式,商标获准注册后,于合理期间内,他人可以依照在先使用向相关部门申请撤销该注册商标,并依照先使用行为获得商标权。只有在合理期间过后,该注册商标的权利状态才趋于稳定。[②]在采用商标混合取得制的英国,在先使用人可以凭借其在先的使用行为获得商标权利,从而排除他人使用,其存在在先使用人排除商标权人使用的基础。中国采单一的商标注册取得制,使用不能获得商标权,在先使用人通过商标在先使用可继续使用其在先商标,但这种

---

① UK Trade Marks Act 1994,sec.5,cl.4.

② 参见吴汉东:《中国知识产权制度评价与立法建议》,知识产权出版社 2008 年版,第 56 页。另见张耕、李燕、邓宏光:《商业标志法》,厦门大学出版社 2006 年版,第 245 页。

继续使用无法上升到"权利"范畴。如果参照英国法院的判例,很容易使中国商标权原始取得陷入"注册取得"与"混合取得"混用的矛盾局面。

本 章 小 结

域外多数国家或地区均有关于商标在先使用的规定。考察域外关于商标在先使用的具体规定,进而进行比较研究,有利于帮助解决现阶段中国关于商标在先使用制度的理解与适用争议。在商标在先使用构成要件方面,域外多数国家或地区在立法或判例中明确商标在先使用中的使用应被限制为"境内使用",且在先使用人的使用应满足持续性要求,同时这也为"在先"判定标准的形成提供了有益借鉴。在"一定影响"的认定方面,尽管表达不同,但域外多数国家或地区都在立法或判例中强调在先商标应达到"一定影响"的要求;对于如何认定"一定影响",各国或地区所持的标准并不完全相同,但主要还是参考产生"一定影响"的时间、在先商标的持续使用时间、在先商标使用覆盖的地域范围大小、公众对在先商标的知晓程度等具体要素作综合认定。在"善意"的认定方面,域外多数国家或地区都将"善意"作为商标在先使用的构成要件,但"善意"作为主观要素,各国或地区依据在先判例或立法规定确立了不同的认定参考因素。本书认为,以"非为不正当竞争的目的或意图"替代"知情与否"解释"善意"的做法具有一定的合理性,值得借鉴。

在商标在先使用行使限制方面,对于"原使用范围"的界定,域外多数国家或地区一般在立法中要求在先使用人仅能在原商品或服务类别上使用在先商标,部分国家还存在"原使用地域范围"的限定,即要求在先使用人仅能在"原使用地域范围"内继续使用在先商标。本书认为,借鉴日本与中国台湾地区关于"原使用范围"的界定规则,排除争议,将"原使用地域范围"纳入

"原使用范围"之内,并将"原使用地域范围"明确在未来具体司法判决之中,是合理的。在"附加区别标识"这一行使限制上,通过参考域外关于"附加区别标识"的案例来明确"附加区别标识"的提出程序、提出时间、具体方式等,为中国"附加适当区别标识"的具体规则设置提供了有益经验。

对于应否赋予在先使用人在原使用范围内全部排他权的争议,域外多数国家或地区在立法或判例中表明,商标在先使用仅是一种消极对抗商标权人侵权请求的抗辩,不具有在原使用范围内排除他人使用的排他权。尽管有部分国家认可在先使用人在原使用范围内拥有全部排他权,但都是在特定情形下做出的规定。以上结论为接下来进一步开展论证提供了思路参考。

第四章
商标在先使用制度构成要件之完善

　　为维护商标注册取得制度,在注册取得制度下保障在先使用人合法利益,需要给在先使用人的在先使用设置严格的条件,此严格的条件即"构成要件"。符合构成要件,应是在先使用人适用该制度维护其合法利益的前提。从现行《商标法》关于商标在先使用制度规定的具体内容来看,要适用商标在先使用制度,须满足以下构成要件:一是存在在先使用的客观事实;二是使用达到一定影响;三是在同一种或类似商品上使用相同或近似商标。但法律仅是对构成要件作了简单规定,有关构成要件中的具体内容尚存在诸多未解决的争议与疑难。本书认为,应扎根于商标在先使用制度依托的理论基础,尊重在先使用人通过诚实劳动所创造的价值成果,对使用在先并产生一定影响的在先使用人的合法利益予以保护,但为避免不合理损害商标权人权利及相关公众的公共利益,不动摇商标注册取得制度的根基,需在利益平衡基础上对商标在先使用制度构成要件中的具体内容做更科学、更完善的规定。

第一节　厘清"使用在先"中"使用"的判断标准

　　概括言之,使用在先并产生一定影响的在先使用人,之所以能够通过商标在先使用制度获得保护,根本原因在于其通过在先的使用行为形成了足够可供保护的合法利益。如果在先的使用行为不以区分商品或服务来源为目的,或并非"公开使用""实际使用""连续使用",就难以说明在先使用人基于其使用行为形成了足够可供保护的合法利益。回顾上文,传统意义上的商标性使用应是指"以识别商品或服务来源目的,在商业活动中公开、连续、实际地使用商标的行为",因此,在先使用人的使用行为完全符合传统意义上商标性使用行为的界定。换言之,"使用在先"中的"使用"应满足传统意义上商标性使用的要求。

但是,从性质上来说,商标在先使用实质是一种权利的限制或权利的例外,是法律为保护"使用"而创设的例外性规定。商标在先使用制度之所以入法,核心在于商标法立法价值取向由原来单纯保护注册商标发展成保护注册商标专用权前提下重视商标的"实际使用",因此赋予在先使用人在原使用范围内对抗商标权人禁止权的抗辩手段,也就相当于将原有的商标权人及于全国的禁止权限缩为除在先使用人原使用范围之外其他地区的禁止权,从利益平衡角度来说,相当于限制商标权人部分权利以满足在先使用人合法利益保护的需要。为维护商标注册取得制度,避免出现商标权人权利受到不合理分割的情况,应对在先使用人的"使用"提出更高的要求,不能像其他学者提出的那样,因为在先使用人保护范围远小于权利人的权利范围,而应对在先使用人中"使用"的判断降低要求。

综合而言,本书认为,对在先使用中"使用"的要求较之传统意义上商标性使用更高,既要符合商标性使用的要求,又要限于"国内使用"及"持续性使用"的要求。

一、"使用"应符合传统意义上商标性使用的要求

"使用在先"要件中的"使用"应是以区分商品或服务来源为目的的"公开使用"和"实际使用"。"使用在先"要件中的"使用"当然应符合"连续使

用"的特征,但相较于传统意义上商标性使用对"连续使用"的要求,商标在先使用制度中的"使用"应坚持更为严格的"持续性使用"要求。

（一）"使用在先"中的"使用"须为公开使用

依前文对公开使用的概述,公开使用强调对商标的使用应是在商业活动中进行,且必须是以交易为目的的使用。非公开的内部商标使用行为,如在固定圈子内对商标进行使用、在纯公司内部对商标进行使用或仅在双方商业往来的信函中对商标进行使用等行为,公众无从接触此商标使用行为,因此不可能将商品或服务与该特定商标联系起来,此时的商标使用行为并不能起到区分商品或服务来源的功能,难以被认定属商标性使用,也就不可能被认定为在先使用行为。总结而言,非公开的内部商标使用行为,难以发挥商标区别商品或服务来源的功能,当然不属于商标性使用行为,[①]"使用在先"中的"使用"应为公开使用,强调对在先商标的使用行为应是处于公开商业活动之中,能够使该在先商标与特定商品或服务联系起来的使用行为。

（二）"使用在先"中的"使用"须为实际使用

强调实际使用,是要避免将为维持商标权利而进行象征性使用的行为当作商标性使用。有学者指出,在先使用中的"实际使用"要求在先使用人必须存在事实的实际销售行为,且非象征性使用,单纯对附有其在先商标的商品或服务进行广告宣传,而未将其商品或服务置于流通领域之中进行实际销售的在先使用非"实际使用"。[②]本书认为,若在先使用人单纯通过广告宣传的方式即可使其在先商标起到识别作用,即使不存在实际销售行为,也应被认定属"实际使用"。相反,单纯对附有其商标的商品或服务进行广告

---

① 参见王莲峰：《商标的实际使用及其立法完善》,载《华东政法大学学报》2011年第6期,第21—27页。

② 参见冯晓青、罗晓霞：《在先使用有一定影响的未注册商标的保护研究》,载《学海》2012年第5期,第139—146页。持同样观点的学者还包括吴汉东、杜颖、张岭等。参见吴汉东、胡开忠、董炳和等,见《知识产权基本问题研究（分论）》,中国人民大学出版社2005年版,第407页。另见杜颖：《在先使用的未注册商标保护论纲——兼评商标法第三次修订》,载《法学家》2009年第3期,第123—134页；张岭：《商标先用权保护探讨》,载《知识产权》2014年第2期,第63—67页。

宣传,但难以起到商标识别作用的,既不符合"使用在先"要件中的使用标准,同样也不符合商标性使用中的使用标准。

按照当前关于商标性使用的理解,相较于存在实际销售行为,"实际使用"更加强调使用人是真实、善意地对其商标进行使用,而非为维护商标权利进行象征性使用的使用。换言之,在先使用人单纯对附有其在先商标的商品或服务进行广告宣传,也有可能为"实际使用"。原因在于,在先使用人的合法利益来源于在先使用人通过其善意的诚实劳动所形成的"既存状态",如果在先使用人通过对附有商标的商品或服务进行广告宣传,也能形成这种"既存状态",就相当于在先使用人通过在先使用行为达到了"实际使用"的效果。再进一步而言,这种"既存状态"指的是在此特定区域内,已经存在依靠在先商标识别商品或服务的来源的相关公众,或在先使用人通过在先使用行为在此特定区域内建立了其在先商标与相关公众之间的稳定联系。以 New West 公司诉 NYM 公司商标纠纷案①为例,该案审理法院美国联邦巡回法院指出:"仅有广告宣传可能无法成立在先使用,但是实际销售也绝非在先使用成立的必要要件。成立在先使用与否,应看使用人通过其在先行为能否形成依靠该在先商标以识别商品或服务来源的相关公众。"在本案中,被告虽然未实际销售过附涉案商标的商品(代指"刊物"),但是被告做了大量广告宣传,超 1.35 万人次的用户订阅其商品,代表已经形成依靠该在先商标以识别商品或服务来源的相关公众,即使在先使用人未进行任何实际销售,其使用行为也被法院认定符合在先使用的标准。

当然,如果在先使用人单纯对附有其在先商标的商品或服务进行广告宣传,但在此特定区域内未形成依靠该在先商标识别商品或服务来源的相关公众群体,此时则难以认定在先使用人的在先使用行为为"实际使用",并且其同样不符合商标性使用中"使用"的标准。

---

① 参见 New West Corp. v. NYM Co. of Cal., Inc., 595 F.2d 1194(9th Cir. 1979)。

（三）"使用在先"中的"使用"须为区分商品或服务来源的使用

商标最基本的功能在于相关公众能够依靠它来区分商品或服务的来源。进行商标性使用的目的，也是为了能够通过使用使商标与相关公众建立稳定的联系，通过这种稳定的联系以实现商品或服务的价值。[①]若在先使用行为无法起到区别商品或服务来源的作用，也就无法发挥在先商标的功能或价值，相关公众与其在先商标之间的稳定联系无法形成，而这种稳定联系正是在先使用人的合法利益所在。若在先使用人未形成足够的可供保护的合法利益，也就不存在主张商标在先使用制度予以抗辩的基础，当然不能适用商标在先使用制度来对抗禁止权。因此，在先使用行为应用以区分商品或服务来源的使用行为。

另外值得一提的是，对于违法的在先使用行为，能否视为"使用在先"中的"使用"行为，值得考量。本书认为，若对在先商标的使用本身违法，如存在侵犯他人在先权利，或应强制注册却未注册并进行使用等，此情况下不应将其视为"使用在先"中的"使用"行为。有观点认为对在先商标的使用本身违法，并不代表无法产生在先使用的法律效果，使用行为本身违法不能用来否定商标使用人在先使用的事实。[②]但是，在先使用人之所以能够获得保护，在于其通过在先使用行为产生了可供保护的合法利益，对在先商标的使用本身违法，代表产生利益的直接来源具有违法性，此时就难认定在先使用人通过在先使用行为产生了可供保护的合法利益。"合法的民事权益"方受保护[③]，对在先商标的使用本身违法，不应被认定为"使用在先"中的"使用"行为。但是，若对在先商标的使用本身不违法，但其他商业经营行为具有违法性，如商品质量不符合规定或在先使用人未取得进出口许可证，此种情况

---

① 参见王莲峰：《商标的实际使用及其立法完善》，载《华东政法大学学报》2011年第6期，第21—22页。

② 参见北京市第一中级人民法院知识产权庭：《商标确权行政审判疑难问题研究》，知识产权出版社2008年版，第128页。

③ 参见王艳芳：《论新商标法的民事适用》，载《知识产权》2013年第11期，第33—39页。

下可将其视为"使用在先"中的"使用"行为。理由在于在先使用人通过在先使用行为形成的合法利益,来源于相关公众与其在先商标之间的稳定联系,其他商业经营行为违法并不会破坏相关公众与其在先商标之间的稳定联系,即在先使用人通过其在先使用行为形成的合法利益不会因其他商业经营行为违法遭到破坏,主张商标在先使用制度予以抗辩的基础一直存在。所以,在对在先商标的使用本身不违法但其他商业经营行为违法的情况下,仍然可将该种使用行为视为"使用在先"中的"使用"行为。

二、"使用"的要求须高于传统意义上商标性使用

正如前文所述,赋予在先使用人在原使用范围内对抗商标权人禁止权的抗辩手段,也就相当于将原有的商标权人及于全国的禁止权限缩小为除在先使用人原使用范围之外其他地区的禁止权,从利益平衡的角度来说,相当于限制商标权人部分权利,以满足保护在先使用人合法利益的需要。为维护商标注册取得制度,避免出现商标权人权利被不合理分割的情况,应对在先使用人的"使用"提出更高的要求,或对"使用"予以更多的限制。

本书认为,在本国产生一定影响力的境外在先使用行为可以依《商标法》第 32 条寻求保护①,该使用行为能够被视作"商标性使用"。但是在本国产生一定影响力的境外在先使用行为却不得主张商标在先使用制度予以保护,该在先使用行为并非"使用在先"要件中的"使用"行为,"使用在先"要件中的"使用"应被限定为国内使用。除此之外,"持续性使用"与传统意义上商标性使用中"连续使用"的内涵并不完全相同。

(一)"使用在先"中的"使用"应被限定为国内使用

在商标法领域,一直存在应否将境外使用但在境内产生一定影响的使用行为视为商标性使用行为的争议。有学者明确主张:"《商标法》第 32 条

---

① 此处指可依《商标法》第 32 条"禁止抢注条款"寻求保护。参见《商标法》第 32 条:"不得以不正当手段抢先注册他人已经使用并产生一定影响的商标。"

规定的禁止抢注条款中，能够禁止他人抢注的在先商标，应是国内的在先使用人在先使用并产生一定影响的商标；对于在境外使用但在境内产生一定影响却不存在境内使用行为的在先商标，不能适用禁止抢注条款。"[1]其意指境外使用但在境内产生一定影响，却不存在任何境内使用行为的使用，不能视作商标性使用，因此该境外使用人不得援引禁止抢注条款。

但同样有学者对此持不同观点。[2]其原因有两点。其一，禁止抢注条款实则是对《商标法》第 7 条"诚实信用"原则的逻辑贯彻。诚实信用作为商标法所须遵循的根本原则之一，是"全社会或全人类所应共同遵循的社会秩序或社会规范"。[3]因此，对禁止抢注条款的适用不应施以地域性范围的限制。无论是境外在先使用人，还是境内在先使用人，只要其通过在先使用行为，使其在先商标在境内达到禁止抢注条款中"一定影响"的要求，不论是否存在境内使用行为，就应当有权禁止其在先商标被他人恶意抢注，否则难以说明法律适用达到了"诚实信用"的要求。

其二，从比较研究的视角来看，域外多数国家或地区承认境外使用但在境内产生一定影响的使用行为可以视作商标性使用，禁止被他人恶意抢注。例如，《日本商标法》第 4 条第 1 款即认可虽在境外使用但在境内产生一定影响的在先使用人，可以禁止其在先商标被他人恶意抢注。[4]中国台湾地区的学者和判解均认为，可以禁止恶意抢注的在先使用人，不仅包括台湾地区内的在先使用人，还包括台湾地区之外存在在先使用行为并产生一定影响的在先使用人。原因在于，如果不对在台湾地区外使用但对在台湾地区内产生一定影响的在先使用人进行保护，那么不仅会滋生大量基于不正当竞

---

① 孔祥俊：《商标法适用的基本问题》（增订版），中国法制出版社 2014 年版，第 113 页。
② 参见黄汇：《商标使用地域性原理的理解立场及适用逻辑》，载《中国法学》2019 年第 5 期，第 85—90 页。
③ 参见曾世雄：《民法总则之现在与未来》，中国政法大学出版社 2001 年版，第 39 页。
④ 参见［日］富田彻男：《市场竞争中的知识产权》，廖正衡、张明国、徐书绅等译，商务印书馆 2017 年版，第 29 页。

争目的来抢注台湾地区外有影响力的在先商标的行为,而且还会使台湾地区内的相关公众对商品或服务来源产生混淆,损害其认牌购物的信赖利益。对相关公众而言,其以为购买到的商品或服务来源于境外有影响力的在先使用人,但事实上其购买到的商品或服务来源于境内的抢注人。因此不论从禁止抢注的目的出发,还是从维护相关公众认牌购物的信赖利益出发,都应将在境外使用但在境内产生一定影响的行为认可为商标性使用行为,有权禁止该商标被他人恶意抢注。《韩国商标法》第7条第1款①以及《比、荷、卢经济统一联盟商标法》第4条第6款②也存在类似规定。

本书同意后一种观点。随着国际贸易愈加频繁,越来越多的境外品牌试图进入中国市场,若是对境外在先使用并在境内产生一定影响的使用行为不予认可,则一旦其在先商标被他人基于不正当竞争目的抢注,不仅境外在先使用人合法利益受损,相关公众亦容易对商品或服务的来源发生混淆,抢注行为也容易增多。将境外在先使用并在境内产生一定影响的使用行为认可为商标性使用,赋予境外在先使用人在遭遇被"抢注"时权利救济的手段,符合诚实信用原则,符合全球一体化发展趋势。因此,"境外使用"在符合特定条件的情况下也可以被认定属于商标性使用行为。

但是,单纯的境外使用行为并不符合"使用在先"要件中"使用"的要求。诚如前文分析的那样,商标具有严格的属地性,如果允许境外使用并在境内

① 《韩国商标法》第7条(不能获得商标注册的商标):(1)下列商标,不管第6条的规定如何,都不能获得商标注册:(XII)与国内或者国外消费者广泛知晓的其为表示他人业务所属商品(地理标志除外)相同或者近似,并出于获得不正当利益的目的或者加害他人的不正目的的使用的商标;(XII之二)与国内或者国外消费者广泛知晓的其为表示特定地域的商品(地理标志除外)相同或者近似,并出于获得不正当利益的目的或者加害他人的不正目的的使用的商标。转引自李宗基:《韩国商标法》,知识产权出版社2013年版,第15页。
② 《比、荷、卢经济统一联盟商标法》第4条:在第14条范围内,下列申请注册不能取得商标权:(6)恶意的申请注册,特别是:(II)由于直接接触明知近三年内已由第三者在比荷卢领土外善意地正常使用着用于相似商品的相似商标而进行的申请注册,但取得该第三者同意者或申请人在比荷卢领土内开始使用商标后才明知此情者,不在此限。载北大法宝网,http://pkulaw.cn/fulltext_form.aspx?Gid=d26ca1a3aae00d5b00e048ce61d5d0e4bdfb,最后访问日期:2021年1月4日。

产生一定影响的在先使用人可以主张商标在先使用保护，则可能造成如下后果：一是不受境外法律保护的未注册商标反而可以获得本国商标法保护，二是使本国商标权人始终背负境外"在先使用"的负担，实质分割了商标权人的权利，不利于本国商标权人品牌的培育与发展。允许"使用在先"中的"使用"包括境外使用行为，实质是对商标权人权利的不合理限制，不仅会增加商标权人的负担，还不利于本国品牌的培育。因此，无论从范式国家的商标法还是培育本国创新品牌的视角来看，商标在先使用显然不应适用于境外使用并在境内产生一定影响的在先使用人，否则"既不利于一国商标权管辖主权的实现，也不利于国家竞争能力的提升和创新收益的最大化"①。

综合而言，商标在先使用制度中对"使用"的要求高于传统意义上商标性使用。"境外使用"在符合特定条件的情况下可以被认定属于商标性使用行为，但是在本国产生一定影响力的境外在先使用行为，若不存在国内使用行为，在先使用人不得主张商标在先使用制度予以保护，该在先使用行为并非"使用在先"要件中的"使用"行为，即"使用在先"要件中的"使用"须为国内使用。

（二）"使用在先"中的"使用"应符合持续性使用要求

回顾上文，域外各国或地区立法或判例对"使用"均提出了持续性要求。如《英国商标法》要求，在先使用人的使用应符合持续性要求②；《日本商标法》同样明确规定，主张适用商标在先使用的在先使用人，应证明其存在"继续性使用"的行为③，除非存在特殊情形才可中断对在先商标的继续使用④。虽然"继续性使用"与"持续性使用"这两种表达存在差异，但它们的原意均

---

① 黄汇：《商标使用地域性原理的理解立场及适用逻辑》，载《中国法学》2019 年第 5 期，第 90 页。

② 参见 Article 11.3 of The Trade Mark Act 1994。

③ 参见杜颖：《商标先使用权解读——〈商标法〉第 59 条第 3 款的理解与适用》，载《中外法学》2014 年第 5 期，第 1366—1367 页。

④ 特殊情形指：因季节性原因而中断使用，或者因为社会经济上的情势而不得已中断使用的，不破坏继续使用构成要件。参见［日］小野昌延、三山峻司：《新·商标法概述》，青林书院 2009 年版，第 289 页。

是指在先使用人须存在持续使用在先商标的行为。中国立法对商标在先使用制度的具体规定中对在先使用人的"使用"并未提出"持续性使用"要求，或存在任何有关"持续性使用"的内容。但是，理论界均认为"使用在先"中的"使用"应符合"持续性使用"要求，如"要求在先使用人对该商标的使用是连续性的"[①]，"先使用人应当是善意且未间断的使用人"[②]。本书认为，立法规定之所以对"使用"未提出"持续性使用"的要求，一是因为在先使用人若需主张适用商标在先使用予以抗辩，其对在先商标的使用应达到一定影响，而要达到"一定影响"的要求离不开在先使用人对商标的持续性使用行为；二是因为传统意义上的商标性使用包含了"连续使用"特征，对于在先使用人而言，其在先使用当然也须为连续使用。因此，虽然立法并未明确规定使用在先中的使用应为持续性使用，但是应将持续性使用作为判定使用在先中使用的标准之一。

但是，持续性使用与传统意义上商标性使用中的连续使用的内涵并不完全一致。《商标法》第 49 条中关于连续使用的规定明确指出，若注册商标存在连续三年不使用的情况，且商标权人不存在任何正当理由不使用该商标，此时该注册商标可以被申请撤销，任何单位或个人均可提出申请。[③]换言之，《商标法》对商标"连续使用"的要求，主要是敦促权利人三年内必须使用其注册商标，但是在先使用人须符合持续性使用要求，并非等同于要求在先使用人三年内必须具有使用该在先商标的行为。基于利益平衡的考量，在先使用人之所以能够主张商标在先使用制度进行保护，在于在先使用人通过在先使用行为获得了足够可供保护的合法利益，一旦这种可供保护的合法利益因为在先使用人缺乏持续使用而消失，在先使用人要求被保护的利益也就不复存在。换言之，持续性使用较之"连续使用"更为严格。正常

---

① 吴汉东：《知识产权法学》(第四版)，北京大学出版社 2014 年版，第 314 页。
② 王艳丽：《论商标权的限制》，载《科技与法律》2002 年第 1 期，第 117 页。
③ 参见《商标法》第 49 条第 2 款。

情况下,如果在先使用人中断了在先使用行为,且无任何正当理由,而且这种中断导致原先通过在先使用商标以区分商品或服务来源的相关公众减少,使在先使用人通过在先使用行为无法形成足够可供保护的合法利益,或达不到"一定影响"的要求,在先使用人就无法主张商标在先使用予以抗辩。总结而言,"使用在先"中的"使用"应为持续性使用,较之商标性使用中的连续使用更为严格。

第二节　改变判定"在先"的"双重优先"标准

从立法关于商标在先使用的具体规定来看,援引在先使用抗辩的在先使用人须证明其在先使用行为不仅先于商标权人申请之日,还先于商标权人使用之日,即在判定"使用在先"要件中的"在先"标准时坚持"双重优先"的判定标准。

从入法进程来看,确立以"双重优先"的标准判定"在先"应是学者建议的结果。在商标在先使用制度正式确立前,对于以何标准判定"在先"便引起了足够关注。从早期公布的《商标法》修正案来看,最初的修正案规定以"商标申请之日"作为判定"在先"的标准①,此判定标准与域外多数国家或地区关于"在先"的判定标准是一致的。如前文所述,《美国兰哈姆法》的规定要求在先使用应先于商标申请之日,但若是法案修改前注册的商标,那么应先于该商标的重新公告之日。②《日本商标法》同样要求,在先使用人应先于商标申请之日前就存在使用行为③,但在公开征求意见稿中,有学者指

---

① 参见郎胜:《中华人民共和国商标法释义》,法律出版社 2013 年版,第 206 页。
② 参见 Graeme B. Dinwoodie & Mark D. Janis, *Trademarks and Unfair Competition: Law and Policy*, New York: Aspen Publishers, 2007, p.231.
③ 参见［日］森智香子、广濑文彦、森康晃:《日本商标法实务》,北京林达刘知识产权代理事务所译,知识产权出版社 2012 年版,第 158 页。

出,"若在先使用人使用在先商标的时间晚于商标权人使用,则该在先使用行为不应该得到保护"①,立法采纳了此建议,规定在先使用人不仅应在商标申请之日前存在使用行为,还强调在先使用人须证明在商标权人使用商标之日前已经存在使用行为,即确立了以"双重优先"判定"在先"的标准。

但是,理论与司法实践中对于应否适用"双重优先"标准判定"在先"一直存在争议。在先于商标权人申请之日前使用这一标准上,有观点认为,应以"核准注册之日"或"初步审定公告日"替代"商标申请之日"。在具体司法裁判中,存在法院坚持以"核准注册之日"而非"商标申请之日"为标准判定"在先"的案例。对于是否采纳先于"商标权人使用之日"这一时间判断节点,理论与实践中的争议更多。本书认为,应排除以"双重优先"判定"在先"这一标准的继续适用,坚持以商标申请之日作为判定"在先"的标准,反对以"核准注册之日"或"初步审定公告之日"替代"商标申请之日"作为判定"在先"标准的主张,同时在对在先使用人主观上要求善意的情况下,直接排除以"商标权人使用之日"作为判定"在先"的标准。

一、坚持以"商标权人申请之日"判定"在先"

本书认为,应坚持以"商标权人申请之日"作为判定"在先"的标准。理论与实践中以"核准注册之日"或"初步审定公告之日"替代"商标申请之日"判定"在先"的观点均不正确,以"商标申请之日"作为判定"在先"的标准更具合理性。

（一）以"核准注册之日"替代"商标申请之日"判定"在先"并不正确

上文已经提及,之所以理论与司法实践中存在以"核准注册之日"替代"商标申请之日"判定"在先"的主张,其理由包括以下两点。第一,商标在先

---

① 郎胜:《中华人民共和国商标法释义》,法律出版社2013年版,第242页。

使用是比照商标权而产生的概念,但是商标权的产生以"核准注册之日"为准,而非"商标申请之日"①。第二,在"商标申请之日"后、"核准注册之日"前,存在使用人通过广告宣传等方式使其标识迅速达到一定影响程度的情形,如果坚持以"商标申请之日"判定"在先",此种情形下使用人的合法利益无法得到保护。②

但是,以"核准注册之日"替代"商标申请之日"判定"在先"的做法并不正确。首先,商标在先使用确实是比照商标权而产生的概念,然而商标权的产生是申请人提出申请、经商标局审查后核准注册的结果,这是一个授权确权的过程。商标在先使用并不需要在先使用人提出申请,也不需要商标局进行审查、核准,使用在先并产生一定影响的在先使用行为之所以能够获得保护,原因在于在先使用人通过其在先使用行为产生了足够的可供保护的合法利益,它是对"实际使用"的承认或确认,并非权利授予的过程。从性质来看,前者属于"权利"范畴,后者并非与权利相对的义务,两者之间并不存在对应关系。以"核准注册之日"作为判定"在先"的标准,也容易使相关公众形成"先使用再进行申请妨碍不大"的认知变异,不利于鼓励商标注册。

其次,确实存在在"商标申请之日"后、"核准注册之日"前,使用人通过广告宣传等方式使其标识迅速达到一定影响程度的情形,但是此时使用人通过使用形成的利益并非"合法"利益,不值得通过立法予以保护,即使使用人主观上是善意的。主要原因在于,在先使用人之所以能够主张商标在先使用予以保护,根源在于存在足够的可供保护的"合法"利益。之所以强调"合法",是因为在商标权人申请注册前,在先使用人对其在先商标的使用不存在任何阻碍或权利阻挡,其通过诚实善意劳动获得的合法利益当然应该

---

① 参见曹远鹏:《商标先用权的司法实践及其内在机理——基于我国司法案例群的研究》,载《中山大学研究生学刊》(社会科学版)2009 年第 3 期,第 84—94 页。

② 参见李扬:《商标法中在先权利的知识产权法解释》,载《法律科学》2006 年第 5 期,第 41—50 页。

获得保护,而且这种形成的合法利益不应该被剥夺。但是商标权人申请注册商标之后,权利阻挡或权利壁垒已经形成,他人对其商标的使用不仅不能获得保护,反而可能构成侵权,譬如商标反向混淆,即使他人的使用是善意的。从理论上来看,只有在商标申请注册之日前形成的利益才可被认定为"合法"利益。如果认可上述情形能够通过商标在先使用规定获得保护,就会出现明显违反商标注册取得制度的矛盾局面,即在后申请商标注册的申请人可以与在先申请商标注册的申请人使用同一商标。因此,以"核准注册之日"替代"商标申请之日"判定"在先"并不正确,以"商标申请之日"判定"在先"具有合理性。

（二）以"初步审定公告之日"判定"在先"并不正确

之所以主张以"初步审定公告日"作为判定"在先"的标准,理由有以下两点。其一,在中国,商标申请注册之日并非公告日。这就意味着,在商标申请注册之日后,他人不能立即通过公开检索的方式获知该商标已被申请注册的讯息,包括在先使用人。对于一般相关公众而言,除非委托专业的商标代理机构,否则只有在商标申请进入初步审定公告之日后,才有可能获知该商标已被申请注册的讯息。在信息时代,短短几个月的时间完全可能使一个标识从无影响发展到全国知名的程度,若对此种情况不予以任何保护,对善意的使用人而言是极不公平的。①其二,此标准还可以在比较法中找到例证。《日本商标法》虽然要求在先使用人应先于商标申请注册之日前就存在使用行为②,但是其特殊之处在于,在日本,商标申请注册之日即为公告之日。③与中国申请注册之日与公告之日需间隔至少六个月以上的时间要求不同,一旦申请人在日本递交申请,他人包括在先使用人在内便可查询到

---

① 参见罗莉:《信息时代的商标共存规则》,载《现代法学》2019年第4期,第85页。
② 参见[日]森智香子、广濑文彦、森康晃:《日本商标法实务》,北京林达刘知识产权代理事务所译,知识产权出版社2012年版,第158页。
③ 参见《日本商标法》第12条第2款。

该商标已被申请的信息，不存在善意的在先使用行为无法获得保护的情况，实质上，《日本商标法》坚持的"在先"标准亦是以公告之日作为标准。[1]

但是，与"核准注册之日"不得替代"商标申请之日"判定"在先"的理由相同，从维护商标注册取得制度这一商标制度根基来看，理论上只有在商标申请注册之日前形成的利益才可被认定为"合法"利益，在商标申请之日后他人对该商标的使用行为难以被认定为"合法"，即使他人主观上是善意的。而且，随着商标注册审查体制的发展，一般公众可以在一个月左右就通过公开检索的方式知晓该商标是否申请注册的情况，而不必等到"初步审定公告之日"，如此也在很大程度上避免了事实上不公平现象的出现。

本书认为，应坚持以"商标申请之日"作为判定"在先"的标准，而非"核准注册之日"或"初步审定公告之日"。

二、排除以"商标权人使用之日"判定"在先"

对于是否要坚持先于"商标权人使用之日"这一时间判断节点，理论与实践中的争议更大。支持以"商标权人使用之日"判定"在先"的观点认为，在先使用人使用晚于商标权人使用，实质是商标权人使用在先，此时因为在先使用人使用时间较晚则难以认定在先使用人为善意。实践中也存在支持"商标权人使用之日"判定"在先"的案例，如"GREATWALL"商标纠纷案[2]、"古木夕羊"商标纠纷案[3]和"新华书店"商标纠纷案[4]等。反对以"商标权人使用之日"判定"在先"的观点认为，从原理上看，即使在先使用人的使用行为晚于商标权人，但其通过在先使用行为在原使用地域范围内形成的商誉不会减损，其在先使用抗辩的基础仍然存在。因此，若在先使用人确

---

[1]　参见张鹏：《〈商标法〉第 59 条第 3 款"在先商标的继续使用抗辩"评注》，载《知识产权》2019 年第 9 期，第 16 页。

[2]　参见广东省佛山市中级人民法院(2016)粤 06 民终字第 5647 号民事判决书。

[3]　参见浙江省杭州市余杭区人民法院(2016)浙 0110 民初字第 18246 号民事判决书。

[4]　参见广西壮族自治区南宁市中级人民法院(2014)南市民三初字第 207 号民事判决书。

为善意,其使用行为依然符合商标在先使用制度的构成要件。基于在先使用人使用晚于商标权人使用的情形,部分学者主张"可对在先使用人施加善意要件"①,权威部门对该条款的释义中也提及"在先使用人出于善意"②或者"没有过错"③;在"启航"商标纠纷案中,法院也提出不必拘泥于此时间节点,而应以在先使用人"善意"与否作为考量之要素。④

本书认为,从理论上看,要求在先使用人的在先使用行为先于"商标权人使用之日",一定程度上有违商标在先使用制度设立的初衷。因为从商标在先使用制度设立的初衷来看,其保护的是善意的在先使用人的合法利益,即使在先使用人的使用行为发生在商标权人使用之日后,但是在商标权人申请注册之前在先使用人存在使用的客观事实,并且在先使用人既不知晓也不可能知晓商标权人使用该商标的情况,或者在先使用人在使用过程中无意知晓了商标权人使用该商标的情况,但并未出于不正当竞争目的去继续使用该商标,其通过善意的在先使用行为产生的合法利益不会因为晚于商标权人使用之日而发生丝毫减损,也就意味着使用人得以主张商标在先使用抗辩的基础一直存在。所以,硬性适用以"商标权人使用之日"判定"在先"的标准并不正确。

从《反法》的视角来理解,如果在先使用人仅在一狭小区域内对其在先商标进行使用,而商标权人在申请注册前在另一相隔较远的地区进行使用,此时依据《反法》对未注册商标保护的规定,只要在先使用人非出于不正当竞争的目的,其当然可以在其原使用范围内继续使用在先商标,而不会因为其使用时间晚于商标权人的使用时间而被禁止使用。不过,若在先使用人

---

① 汪泽:《中国商标法律现代化——理念、制度与实践》,中国工商出版社 2017 年版,第 231 页。
② 郎胜:《中华人民共和国商标法释义》,法律出版社 2013 年版,第 113 页。
③ 袁曙宏:《商标法与商标法实施条例修改条文释义》,中国法制出版社 2014 年版,第 72 页。
④ 学说上亦有此种观点。参见芮松艳、陈锦川:《〈商标法〉第 59 条第 3 款的理解与适用——以启航案为视角》,载《知识产权》2016 年第 6 期,第 30 页。另见佟姝:《商标先用权抗辩制度若干问题研究——以最高人民法院公布的部分典型案例为研究范本》,载《法律适用》2016 年第 9 期,第 66 页,等等。

使用晚于商标权人使用,且在先使用人存在不正当竞争目的,或实施了具体的不正当竞争行为时,此标准仍应适用,因为在先使用人形成的合法利益已因为其不正当竞争目的或行为而丧失殆尽,适用在先使用抗辩的基础已经消失。

综上所述,适用先于"商标权人使用之日"这一"在先"判定标准时,不能"一刀切"。应优化以"商标权人使用之日"作为判定"在先"的标准,即适用此标准的前提在于商标权人能够证明在商标权人使用之日至商标权人申请之日这段时间内,在先使用人在使用在先商标的过程中确有不正当竞争之目的,否则不应适用此标准。

但是,依照后文对在先使用人主观"善意"的要求,在先使用人的"善意"不仅应符合"初始善意"的要求,还要符合"持续善意"的要求,而且主张以"非基于不正当竞争目的"认定善意。因此,符合商标在先使用制度构成要件的在先使用人不存在具有"不正当竞争目的"的可能,则可推知不存在适用以"商标权人使用之日"作为判定"在先"标准的前提。因此,在对在先使用人主观上要求善意的情况下,先于"商标权人使用之日"这一"在先"判定标准并无适用的空间。

第三节　统一"一定影响"认定规则

当前关于商标在先使用制度的构成要件中"一定影响"的认定,既存在理论上的争议,也存在司法实践认定混乱的情形。本书认为,应从制度存在的理论基础出发,立足于现实困境,借鉴域外国家或地区关于"一定影响"认定的立法和司法经验,重点论证"一定影响"要件存在的必要性,区别其他法律规定中的"一定影响",并形成具体的、统一的"一定影响"认定规则。

一、"一定影响"要件存在的必要性论证

尽管立法明确规定了"一定影响"这一构成要件,理论上也不乏反对在商标在先使用制度中设立"一定影响"要件的观点,其理由可概括为三点。其一,任何通过诚实善意的劳动,并产生能够脱离自然状态而独立存在的相应成果的行为,都应该被尊重,①取消"一定影响"的要件要求,实质是对先使用人付出的劳动成果的尊重。②其二,"商标在先使用制度是对'使用'价值的立法确认"③,在先使用人通过"使用"产生的合法利益都应该受法律保护,因此在适用商标在先使用制度时,只要存在使用在先的事实,使用人的权益就可获得保护,不应要求太高。④其三,实践中,由于"一定影响"要件认定起来过于主观,从举证要求来看缺乏固定的标准⑤,法院如何认定"一定影响"也存在现实困难。

本书认为,在先使用人对在先商标的使用应达到"一定影响"的程度,这应是适用商标在先使用制度的要件之一,即"一定影响"要件的存在具有必要性。

(一) 从被保护的必要性出发

基于洛克的劳动价值理论,任何通过诚实善意的劳动,并产生能够脱离自然状态而独立存在的相应成果的行为,都应该被尊重。在先使用人付出了诚实善意的劳动,并且先于商标权人注册和使用商标,且不存在任何攀附

---

① 参见[英]约翰·洛克:《政府论》下册,叶启芳、瞿菊农译,商务印书馆 1983 年版,第 19 页。
② 参见曹新明:《商标抢注之正当性研究——以"樊记"商标抢注为例》,载《法治研究》2011 年第 9 期,第 16—24 页。
③ 孙国瑞、董朝燕:《论商标先用权中的"商标"与"使用"》,载《电子知识产权》2016 年第 8 期,第 65 页。
④ 王莲峰:《商标先用权规则的法律适用——兼评新〈商标法〉第 59 条第 3 款》,载《法治研究》2014 年第 3 期,第 14—15 页。
⑤ 参见黄朝玮:《商标先用权制度应删去"有一定影响"要件——评〈商标法〉第 59 条第 3 款》,载《中华商标》2015 年第 8 期,第 83—90 页。

权利人声誉的情况下,其产生的合法利益都应该被保护,而不能因为在先商标未达到"一定影响"的要求去剥夺在先使用人的合法利益。从尊重诚实善意的劳动成果这一视角来说,对在先商标施以"一定影响"限制的做法缺乏正当性基础。但这一观点同样存在不合理性。

劳动是在先使用人获得保护的必要条件,但并非充分条件。回归商标在先使用制度设立的初衷,商标在先使用制度之所以确立,是基于对在先使用人合法与商标权人之间利益平衡的考量。从商标被保护的价值出发,在先使用商标需要具有一定的相关公众认同度,若不存在一定范围相关公众对在先使用人使用行为的认同,则无法形成足够的可供保护的合法利益,若不存在足够的可供保护的合法利益,在先使用商标则不具有被保护的价值。

若在先商标的影响力仅及于数人或数十人,此时依靠该在先商标认牌购物的相关公众是极少的。从某种程度上来说,与其说相关公众是依照在先商标认牌购物,不如说相关公众是依据商品或服务的提供者进行购物。换言之,即使在先使用人更换了商标,这部分相关公众依旧会因为与在先使用人相熟而继续前去购买相应商品或服务。在这种情形下,尽管在先使用人在对在先商标的使用上付出了诚实善意的劳动,但更换在先商标并不会对在先使用人的合法利益造成任何减损。

但是相反,若在先商标的影响力及于一定区域,或通过在先使用人的在先使用行为形成一定认牌购物的相关公众群体,此时若更换在先使用人的在先商标,就相当于消除了在先使用人经过自己诚实善意的劳动建立起来的在先商标与相关公众之间的稳定联系。在先使用人很可能会因为更换在先商标而失去一定区域的有稳定联系的相关公众,或失去已经依靠在先商标进行认牌购物的消费群体,在先使用人通过诚实善意的劳动所创造的合法利益会直接被剥夺。此时若不对在先使用人通过在先使用行为产生的合法利益进行保护,是极不公平的,不符合利益平衡原则。因此,法律允许对使用在先并产生一定影响的在先使用人的合法利益进行保护。

（二）从法律制度本身出发

商标在先使用制度是对"使用"价值的立法确认，在先使用人通过"使用"产生的合法利益当然可以寻求保护，但并非只要存在在先使用事实或具有在先使用行为就可以获得法律保护。对所有在先使用行为进行保护，仅存在纯理论上的正当性。商标在先使用设立的初衷在于保护在先使用人通过使用形成的合法利益，但是如果对任何在先使用行为都提供保护，而不要求"一定影响"这一程度性门槛，将会使在先使用人与权利人商标纠纷诉讼大幅增多，给司法造成负担。而且，虽然"一定影响"的认定具有主观性，但是并非意味着"一定影响"不能认定，司法实践中就存在法院认定在先商标具有"一定影响"的实际案例。从商标在先使用制度存在的理论基础出发，立足现实困境，形成具体的、统一的"一定影响"认定规则，具有现实可行性。

从注册制度来说，中国采用单一的商标注册取得制，鼓励商标自愿注册。若对在先使用行为不加区分地予以保护，将会使相关公众误认为普通的在先使用也可以通过商标在先使用制度获得保护。这会影响到未来没有品牌发展计划的相关公众的商标注册意愿，最终将对中国商标注册取得制度造成不利影响，从长远来看有损商标制度的作用，从而不利于对市场进行管理。

（三）"一定影响"作为制度构成要件基本成为域外共识

从域外关于在先商标"一定影响"认定的立法现状来看，基本大多数国家或地区均直接在法律规定中明确要求在先使用人对在先商标的使用应达到"一定影响"的程度。

例如，《日本商标法》要求在先商标的使用应达到"广为认知"的程度[1]；《韩国商标法》第 57 条第 3 款明确规定在先商标的使用应达到"一定影响"[2]；

---

[1] 参见《日本商标法》第 32 条。
[2] 参见《韩国商标法》第 57 条第 3 款。

《英国商标法》则强调,在先使用应在"特定地域范围内持续使用"①,相当于对在先使用人提出了"一定影响"的要求。

在"一定影响"作为制度构成要件基本成为域外共识的前提下,若中国法规不对商标在先使用制度的适用设置"一定影响"这一结果性门槛,造成的后果是,只要境外商标在中国存在使用在先行为就可以获得保护,而中国的在先使用人想在境外国家主张商标在先使用保护,必须通过使用使在先商标在该国达到"一定影响"的程度,这对中国的在先使用人而言明显是极不公平的。因此从维护中国商标在先使用人的抗辩利益来看,也应当将"一定影响"要件纳入商标在先使用制度的构成要件之中。

不区分"一定影响"而对所有在先使用行为进行保护,仅在理论上存在一定正当性。但理论上存有一定正当性的规则并不代表其就是最科学合理的。取消"一定影响"要件的认定规则具有明显的缺陷,不仅会给司法造成负担,而且会动摇当前的注册取得制度。因此,"一定影响"应是商标在先使用制度构成要件之一,在先使用人通过在先使用行为使其在先商标达到"一定影响"的程度,才可以主张商标在先使用制度予以抗辩。"一定影响"要件的存在具有必要性。

二、甄别不同法律规定中的"一定影响"

不同法律规定中的"一定影响"主要指《商标法》第 32 条和《反法》第 6 条第 1 项中出现的"一定影响"。区别在先使用中的"一定影响"与其他法律规定中的"一定影响",有利于明确商标在先使用制度中"一定影响"的程度要求,同时避免法院在审理案件时对"一定影响"的判定产生混乱。

《商标法》第 32 条主要规制恶意抢注行为,因此该条款又被称为"禁止

---

① 参见 Michael Pulos, *A Semiotic Solution to the Propertization Problem of Trademark*, Bmj Case Reports, 2006, pp.833—869。

恶意抢注条款"。该条款规定,"申请商标注册不得以不正当手段抢注他人已经使用并有一定影响的商标"。[①]从内容上看,在商标申请阶段,他人可以根据该条款向商标局提出异议,阻止该商标获准注册,或者在商标已被核准注册后向商评委申请宣告该注册商标无效,该条款成为阻却他人获得商标权的法律依据。从效力的大小来说,在先使用并有一定影响的在先使用人仅能依据商标在先使用制度在原使用范围内继续使用商标,但在先使用并有一定影响的他人可以依据禁止恶意抢注条款阻却他人获得商标权,适用禁止恶意抢注条款的使用人较之适用商标在先使用制度的在先使用人效力更大,因此对其"一定影响"的要求也应该更高。

从另一个角度来说,如果仅在一狭小区域内知名就可以阻却他人获得商标权,这对申请商标注册的人来说是极为不公平的,因为其难以通过简单调查获知该商标已在一狭小区域内被在先使用的情况,而注册商标被撤销又导致注册人在商标上凝结具体信用的激励付之一炬,[②]注册取得制度也因此经常失灵。因此,相对于商标在先使用制度中的"一定影响",应对第32条后段中"一定影响"设定更高的要求。这种更高的要求主要体现在持续使用的时间上、使用覆盖的地理范围上,以及相关公众对该在先商标知晓程度上等。

《反法》第6条第1项规制的是未注册商业标识保护的问题。其规定,"对于擅自使用与他人有一定影响的商业标识且容易混淆的,禁止使用"。[③]该条款保护的是在先使用人通过其在先使用行为形成的正当竞争权益,当此正当竞争权益被他人擅自利用时,《反法》赋予在先使用人排除他人擅自

---

① 《商标法》第32条。

② 参见张鹏:《我国未注册商标效力的体系化解读》,载《法律科学》(西北政法大学学报)2016年第5期,第142页。

③ 《反不正当竞争法》第6条第1项:"经营者不得实施下列混淆行为,引人误认为是他人商品或者与他人存在特定联系:(一)擅自使用与他人有一定影响的商品名称、包装、装潢等相同或者近似的标识。"

利用的权利。由此可以看出,在先使用人寻求《反法》保护的基础在于已经形成的"正当竞争权益",而"一定影响"的大小直接关涉到"正当竞争权益"的内容。就《反法》对未注册商业标识的保护而言,只要未注册商业标识人使商标在一定区域范围内达到了一定影响,具有受《反法》保护的正当竞争权益,就可以主张反法保护,对于影响的区域范围并无限定。对于使用人来说,即使其仅在一狭小地域范围内使用,并形成一定影响,如若他发现在该区域内存在其他在后使用人使用其未注册标识的情形,也可以依据《反法》排除在后使用人的使用,因为在此区域范围内,其已经形成了受《反法》保护的正当竞争权益。商标在先使用制度中对在先使用人"一定影响"也仅是要求在先商标的影响力及于一定区域,或通过在先使用人的在先使用行为形成一定认牌购物的相关公众群体即可。二者均为对未注册商标保护的规定,一般而言,能够援引商标在先使用规定进行抗辩的未注册商标在先使用人,也达到了主张《反法》第 6 条第 1 项对其通过在先使用形成的正当竞争权益予以保护的要求,《反法》第 6 条第 1 项中"一定影响"应可与商标在先使用制度构成要件中"一定影响"作同一性解释。

在司法实践中,法院在审理未注册商标侵权纠纷案时,同样是将商标在先使用制度构成要件中的"一定影响"同《反法》第 6 条第 1 项中规定的"一定影响"关联起来进行判断。正如"蚂蚁搬家"商标纠纷案[1]中审理法院在判决里解释的那样:"《商标法》虽然规定了商标在先使用,但是对于商标在先使用的适用条件并未作任何细化或解释,当前我国关于未注册标识的保护主要体现在《反法》第 6 条第 1 项中。因此,在原理层面对《商标法》59 条第 3 款中可受保护的未注册商标的认定应予《反法》第 6 条第 1 项中关于未注册标识的保护相适应,以使二者在法律适用上达到协调统一,实现《商标法》与《反法》在注册商标保护与未注册商标保护的衔接与平衡。"

---

[1]　参见湖南省长沙市中级人民法院(2015)长中民五初字第 757 号民事判决书。

本书认为,对比而言,《商标法》第 32 条划定的"一定影响"门槛较高,《反法》第 6 条第 1 项与商标在先使用制度构成要件中的"一定影响"在判断上可作同一性解释。

三、明确"一定影响"认定的具体因素

从上文分析可知,在先使用人对在先商标的使用应达到"一定影响"的程度,才能通过商标在先使用制度获得保护,但是划定"一定影响"的门槛不应设定得过高,仅要求在先商标的影响力及于一定区域,或通过在先使用人的在先使用行为形成一定认牌购物的相关公众群体即可。对"一定影响"的认定,可主要通过在先商标使用的地理区域、相关公众的范围、相关公众对在先商标的知晓程度、认定达到"一定影响"要求的时间节点,以及相关证据因素等进行综合认定。

(一) 使用地理区域

本书认为,在先商标应达到"一定影响"的程度,在先使用人才可以主张适用商标在先使用制度保护。从使用地理区域的划分来看,"一定影响"的范围应至少覆盖某一乡镇,即在此乡镇范围内,存在一定范围相关公众对该在先商标普通知悉即可。

之所以如此划定,理由在于以下两点。第一,对"一定影响"划定的门槛不应过高。只要存在足够可供保护的合法利益,在先使用人便可以主张商标在先使用制度保护。在先使用人通过自身的诚实经营行为,使其在先商标与乡镇范围内的相关公众建立了稳定联系,乡镇范围内的相关公众依凭在先商标认牌购物,即表明在先使用人通过在先使用行为形成了足够的可供保护的合法利益。第二,若是"一定影响"的范围不及某一乡镇,仅为某个村落的居民所知晓,此时依靠该在先商标认牌购物的相关公众是极少的。从某种程度上来说,与其说相关公众是依照在先商标认牌购物,不如说相关公众是依据商品或服务的提供者进行购物。换言之,即使在先使用人更换

了商标，这部分相关公众照样会因为与在先使用人相熟而继续前去购买相应商品或服务。在这种情形下，即使在先使用人在对在先商标的使用上付出了诚实善意的劳动，更换在先商标也不会对在先使用人的合法利益造成减损，对在先使用行为的保护实无必要。因此以村落为单位划定"一定影响"标准的做法并不可取。相比较而言，以乡镇为单位划定"一定影响"更为科学，因为尽管乡镇范围内也存在部分相关公众是依靠商品或服务提供者进行购物的情形，但乡镇范围内的所有人不可能都与商品或服务提供者相熟，乡镇范围内的大部分人群还是依凭在先商标认牌购物，在先商标能够发挥区别商品或服务来源的作用，并且与一定范围的相关公众建立了稳定联系，在先使用人当然可以主张商标在先使用制度抗辩。

从域外各国要求达到"一定影响"所需的地理区域范围来看，《美国兰哈姆法》强调在先商标应在"特定区域内"形成一定影响，《英国商标法》强调在"特定地域范围内"达到一定影响的程度，《德国商标法》只要求在商品或服务经营所处的经济圈内享有声名即可。①日本司法实务界普遍认为，在先商标的使用应达到"广为认知"的程度，而这种广为认知所指代的范围不能过于狭小，譬如在几个町的范围内不能算作已被相关公众广为认知，②町指代大街或市集。从以上关于要求达到"一定影响"所需的地理区域范围的规定来看，域外各国划定商标在先使用中"一定影响"的门槛是不高的。以乡镇为单位划定"一定影响"的地理区域范围，与日本司法界要求的不能单纯以在几条街道或几个市集使用来认定"一定影响"大致相同。

当然，以某一特定的行政区域作为划分"一定影响"地理区域范围的标准，未免过于机械，应防止该标准适用的绝对化。在适用该标准判定在先商

---

① Annette Kur & Martin Senftleben, *European Trademark Law*, Oxford University Press, 2017, pp.405—491.

② Daniel J. Gervais, *International Intellectual Property*, Edward Elgar Publishing Limited, 2015, pp.341—407.

标是否满足"一定影响"要求时,法院应该灵活变通,具体可结合该区域范围内的常住人口数、经济发展程度、相关公众对商品或服务的需求度,以及在先使用人的广告投放数等相关因素予以综合判断。

（二）相关公众的范围

确定相关公众的范围,对认定在先商标是否达到"一定影响"也具有重要意义。首先,在先使用人主张商标在先使用制度进行保护的基础,在于其通过在先使用行为产生了足够可供保护的合法利益,而这种合法利益正是基于在先商标与相关公众之间建立的稳定联系形成的,因此相关公众在商标在先使用制度中有着极为重要的价值。其次,不同领域、行业的商品或服务,所涉及的相关公众是不可能完全相同的。相关公众意指存在有可能购买在先商标所附商品或服务的消费群体,否则充其量只能算作公众,而不能是相关公众。因此,法院在认定"一定影响"时,应明确相关公众的范围。

相关公众的确定,应以是否存在购买可能为标准。譬如,在先商标所附商品为粮油等副食品,正常情况下一般公众都有购买的可能,普通公众都可以被认作属相关公众范围。但是,若在先商标所附商品为编码器,正常情况下并非所有公众都对编码器有购买需求,普通公众不大可能成为相关公众,只有对编码器有需求的相关行业企业才可能购买,因此此时相关公众的范围应限于与之相关的行业企业。正如日本学者所言:"当某一商品的经营不是以一般消费者,而是以特定的顾客层为对象时,所认可的周知性要件不应以一般消费者的范围为判断标准。"①

（三）相关公众对在先商标的知晓程度

就某种意义而言,在先商标的影响力是指相关公众对在先商标的知晓程度。一般来说,相关公众对在先商标知晓程度越高,在先商标的影响力也越大。但是,在"一定影响"辐射的使用地理区域范围内,相关公众对在先商

---

① ［日］田村善之:《日本知识产权法》,周超、李雨峰、李希同译,知识产权出版社2011年版,第105页。

标的知晓应达到何种比例,才能确定在先商标达到了"一定影响"的要求,理论与实践并未给出具体回答。一方面是因为具体比例难以确定,另一方面是因为一旦确定具体比例,适用又容易机械化,而且实践中也难以对相关公众和知晓该在先商标相关公众的数目进行量化。既然具体比例难以确定,因此对于相关公众对在先商标知晓程度的判断,需要参考诸多因素综合认定。

从域外经验来看,美国一般以在先商标的市场渗透度来判断在先商标是否达到一定影响的程度,[①]具体考察以下因素。其一,在先商标所附商品或服务的销量。一般情况下,在先商标所附商品或服务的销量越高,代表知悉该在先商标存在的相关公众也越多,相关公众对该在先商标的知晓程度也就越高。其二,每年在先商标所附商品或服务销售增长率的变化。销售增长率的变化一定程度上反映出相关公众对在先商标所附产品的满意度或认可度,一般情况下,销售增长率越高代表相关公众对在先商标的认可度逐年增高,变相反映出相关公众对在先商标的知晓水平。其三,知晓该在先商标存在的相关公众的数量。正常情况下,知晓该在先商标存在的相关公众数量难以统计,但是可以通过问卷调查或抽样调查的方式,一定程度上估算出相关公众的数量。知晓该在先商标存在的相关公众数量越多,代表该在先商标越知名。其四,在先使用人对在先商标进行广告宣传的程度。广告宣传程度也可以从侧面反映出相关公众对在先商标的知晓程度,毕竟广告宣传仍是目前商业营销的重要手段。而且,广告宣传的投放度也能够反映出在先使用人投注在在先商标之上的努力与心血。除此之外,日本法院还会结合在先商标所附商品或服务的销售形式等来作为认定"广为认知"的补充因素[②],不同的商品或服务销售形式,对相关公众知晓在先商标的程度也

---

① Mark P. McKenna, "Trademark Use and the Problem of Source," *University of Illinois Law Review*, 2009, pp.773—831.

② 参见佟姝:《商标先用权抗辩制度若干问题研究——以最高人民法院公布的部分典型案例为研究范本》,载《法律适用》2016 第 9 期,第 64—69 页。

有影响。

中国法院在认定相关公众对在先商标知晓程度时,也提出了相应参考因素。比较有指导意义的是最高院提审的"采蝶轩"商标纠纷案①。法院认为,"在涉案商标申请注册日前,在先使用人仅开设有 5 家门店,所有销售总额不超过 8 万元,并未达到一定影响的要求",此时法院提出的认定相关公众对在先商标知晓程度的标准是经营规模和销售总额。当然需要注意的是,并非门店低于 5 家或销售总额低于 8 万,就可以认定在先商标未达到一定影响。在以经营规模和销售总额认定相关公众对在先商标知晓程度时,应结合商品或服务的特性、价格等因素综合确定。除此之外,还应包括在先商标的持续使用时间。一般情况下,在先使用人对在先商标持续使用的时间越长,代表相关公众接触该在先商标的可能性就越大,相关公众对在先商标的知晓程度就越高。

综上可知,在认定相关公众对在先商标的知晓程度时,可参考在先商标所附商品或服务的销量、每年在先商标所附商品或服务销售增长率的变化、知晓该在先商标存在的相关公众的数量、在先使用人对在先商标进行广告宣传的程度、在先商标所附商品或服务的销售形式、经营规模、在先商标的持续使用时间等因素作综合判断。

（四）认定达到"一定影响"要求的时间节点

诚如前文所述,理论与实践中存在不支持以商标权人申请之日为限来判定在先商标的使用是否达到"一定影响"要求的提法,而主张以"核准注册之日"作为判定是否达到"一定影响"要求的时间节点。"汇江 HUIJIANG"商标纠纷案②中,审理法院就支持了以"核准注册之日"作为判定是否达到"一定影响"要求的时间节点。

之所以有学者主张以"核准注册之日"作为判定是否达到"一定影响"要

---

① 参见最高人民法院(2015)民提字第 38 号民事判决书。
② 参见最高人民法院(2015)民申字第 1692 号民事裁定书。

求的时间节点,主要原因在于,确实存在在商标申请注册之日前在先商标未达到一定影响,而在核准注册之日前在先商标达到一定影响的情形。此时注册人尚未获得商标权,而在先使用人真诚善意地使用该在先商标,并且从未攀附商标权人任何声誉,仅因为在先商标达到一定影响的时间晚于商标申请注册之日,其权益就不能受到保护,不符合商标在先使用制度设立的初衷。

本书认为,以上观点并不正确。主要原因与解释以"核准注册之日"替代"商标申请之日"判定"在先"的理由基本相同。总结而言,在商标申请注册之日后不久,使用人其实已经可以通过简单的检索去查询获知该商标已被他人申请的信息,即使在先使用人确属真诚善意地使用该在先商标,但是不对其予以保护,并不会导致不公平。因为在商标已被申请情况下,在先使用人在决定继续使用其在先商标时,就已经对不利后果早有预见,应当承担由此带来的法律风险,即"制度是一个社会的博弈规则"。①而且若不考虑在先使用人确属善意的情况,还存在使用人因晚于商标权人提交注册申请而被驳回,其为未来可以继续使用该商标,被迫通过广告宣传等方式使其标识迅速达到一定影响程度,如此形成在后申请注册人也可以和在先申请注册人一样使用同一商标的局面,明显违反了商标注册取得制度,在先使用人的行为还有被认定属反向混淆的可能。

因此,应明确以"商标申请之日"作为认定在先商标是否达到"一定影响"要求的时间节点,而非"核准注册之日"。

(五)证据因素

具体司法实践中,在认定在先商标是否达到"一定影响"时,往往因为商标权人提请诉讼的时间较晚,在先使用人无法提供在其商标申请注册日之前的销售证明,或提供的销售证明存在瑕疵,或无法提供当时的广告宣传证

---

① Douglass C. North, *Institutional Change and Economic Performance*, London: Cambridge University Press, 1990, p.58.

据等,最终导致在先使用人因证据不足或证明力弱等原因而使在先商标未被认定达到一定影响的要求。事实上,在做"一定影响"认定时,应当将在先使用人提供的所有证据作为整体来看待,不能割裂证据之间的联系。即使单个证据因为存在瑕疵,证明力不强,但是如果存在其他证据可以相互印证,应认可该单个证据的有效性。当然,在先商标"一定影响"的认定,需要相当数量的证据来支撑,单一证据的证明力是值得怀疑的,仅凭单一证据难以证明在先商标达到一定影响的程度。

同时,在先使用人提供的在商标申请之日后的获奖证据能否作为"一定影响"的证明,应重点考察获奖理由。如果获奖理由主要是基于在先使用人在商标申请之日前的使用行为获得的,则可以作为"一定影响"的证明证据;如果获奖理由与在先使用行为无关或关联度不大,或获奖理由主要是基于商标申请之日后的使用行为,则不应作为"一定影响"的证明证据。

第四节 确定"善意"认定规则

结合前文对"善意"内容的分析,本书认为,将"善意"作为商标在先使用制度的构成要件之一,应无异议。在认定在先使用人是否主观"善意"时,可以借鉴《日本商标法》规定的以"非基于不正当竞争目的"认定善意的规则。

一、明确将"善意"纳入商标在先使用制度构成要件

之所以主张将"善意"纳入商标在先使用制度构成要件,原因有以下三方面。

首先,从商标在先使用制度依托的理论基础来看,洛克的劳动价值理论强调在先使用人通过其诚实善意劳动取得的,能够脱离自然状态而独立存在的成果才能被尊重;"先到先得"的朴素正义观也要求使用人对"先到物"

的获得须通过合法的手段,否则便是非法占有,同样要求使用人不得有违法的意图;利益平衡调整的是在先使用人的合法利益与商标权人利益之间的冲突,要求在先使用人通过在先使用行为获得的利益应是合法的,而不是通过不正当竞争手段获取的,同样是要求在先使用人主观上应基于善意;兼顾公平正义与效率的价值追求也强调在不触及商标注册取得制度根本的前提下,保障在先使用人通过在先使用行为获得的合法利益,应是维护公平正义的需要,同样要求保障的是在先使用人的合法利益。总而言之,根据商标在先使用制度存在的理论基础,该制度本身就强调在先使用人主观上应为善意。

其次,域外多数国家或地区在立法或司法判例中均将"善意"作为商标在先使用的构成要件。《日本商标法》要求在先使用人主观上应基于"非为不正当竞争的目的"才可以获得保护[①];《英国商标法》强调"在先使用人应为善意才可以申请保护",并在具体判例中将善意解释不存在任何攀附商誉之意图或不存在任何欺骗[②]。可以说,将"善意"作为商标在先使用的构成要件之一,已经得到多数域外国家或地区的认同。

最后,理论界质疑"善意"作为商标在先使用制度构成要件的主要理由在于,在先使用人既先于商标权人申请之日使用,又先于商标权人使用之日使用,不存在攀附商誉的可能,当然是善意的,因此将"善意"作为构成要件之一并无必要。但是本书认为,对在先使用人善意与否的认定,应从初始善意与持续善意的角度进行考量。初始善意包括的情形有以下三种。一是在先使用人对在先商标的使用早于商标权人申请和使用之日,故而在先使用人无从知晓该在先商标未来会被他人注册,此时在先使用人主观上当然是善意的。二是在先使用人对在先商标的使用晚于商标权人最早使用之日,但早于商标权人申请之日,因在先使用人对在先商标使用的地域同商标权

---

① 参见《日本商标法》第 32 条。
② 参见汪泽:《论商标在先使用权》,载《中华商标》2003 年第 4 期,第 38 页。

人的使用地域相隔太远而不知晓该在先商标已被他人使用,此时在先使用人主观上仍然为善意。三是在先使用人对在先商标的使用晚于商标权人最早使用之日,早于商标权人申请之日,但在先使用人偶然得知了商标权人已经对在先商标进行使用的情况,在先使用人继续在原使用范围内使用该在先商标且不存在任何搭借或攀附商标权人竞争利益的意图,此时仍然可以认定在先使用人主观应为善意。

持续善意是指,在商标权人提交商标申请后,因公示等原因推定在先使用人应知晓该商标已被他人申请注册,在先使用人只要继续基于自己形成的既有社会秩序诚信经营,不存在任何不正当竞争之意图或目的,比如攀附商标注册权人商誉等情况,此时在先使用人依然可以被认定属于善意。

质疑"善意"纳入商标在先使用制度构成要件的主要理由其实针对的仅是初始善意中的第一种情形,在先使用人的使用是否为"善意"还应满足初始善意中另外两种情形,以及持续善意的要求。这样也能解决在商标申请之日前在先使用人属主观善意但商标申请之日后在先使用人存在不正当竞争目的或意图时是否依然可以主张商标在先使用制度保护的问题。

二、借鉴"非基于不正当竞争目的"对善意进行认定

"善意"作为主观要件,在做具体认定时较为困难。从上文对在先使用人符合"善意"的情形来看,不论是从初始善意的角度,还是从持续善意的角度,只要在先使用人是基于非为不正当竞争目的对在先商标进行使用,其行为就可以被认定属主观"善意"。结合前文,在对在先使用人进行"善意"认定时,域外国家或地区在立法或判例中多数要求在先使用人对在先商标使用时不得存在任何不正当竞争之目的或意图。以"非基于不正当竞争目的"对"善意"进行认定,或解释"善意",具有一定的合理性,值得借鉴。

但首先须明确的是,明知或应知并不能证明在先使用人存在不正当竞争之目的。立法设定商标在先使用制度的初衷,就在于平衡商标权人的利

益与在先使用人的合法利益,对在先使用人合法利益进行保护。即使在先使用人明确知晓了该商标已被申请注册且被商标权人使用,其通过在先使用行为所产生的合法利益依旧存在,法律不得无故剥夺。除非在先使用人在知晓该商标已被他人申请注册的情况下,试图通过不正当手段攀附注册人商誉,此时才能推定在先使用人具有"不正当竞争"之意图。

其次,"非基于不正当竞争目的"主要指在先使用人不存在明显攀附商标权人商誉或"搭便车"的故意,且无其他明显贬损商标权人的声誉等扰乱市场竞争秩序的行为或意图。明显攀附商誉或"搭便车"的行为包括在先使用人通过广告宣传等方式,故意使相关公众误认为其与商标权人存在加盟关系,或存在连锁关系,或存在商业合作关系,或其是商标权人在此"一定范围"的代理人,甚至故意使相关公众误认为其就是商标权人等。明显损害商标权人声誉的行为包括在先使用人通过对比广告等方式有意诋毁商标权人提供的商品或服务质量,或通过编造、歪曲事实,故意使相关公众误认为商标权人是"抢注人"以诋毁商标权人的名誉等行为。当然,虽然在先使用人未实际实施以上扰乱竞争市场的行为,但是商标权人能够证明在先使用人存在实施以上行为的意图,或做好了实施以上行为的准备,此时在先使用人的行为在主观上亦不能被认定为属"善意"。

最后,对"非基于不正当竞争目的"的判断,应以诚实信用原则为基础。诚实信用原则是商标法的基本原则之一,[①]当难以认定在先使用人是否存有不正当竞争目的时,应回归诚实信用原则进行判断,任何违反诚实信用的行为都不值得保护。不过,相对于"不正当竞争目的或意图"的判断,诚实信用的判断更为宽泛,言其为一种精神上的判断亦不为过。在难以认定在先使用人是否存有不正当竞争意图时,依靠"诚实信用"这种指导精神对在先使用人主观上进行判断有时也不失为一种方法。不过,唯有商标权人有明

———————————

① 　参见《商标法》第 7 条第 1 款:"申请注册和使用商标,应当遵循诚实信用原则。"

确证据证明在先使用人确有存在违背诚实信用的行为时,在先使用人的主观状态才不能被认定为善意,否则应被推定为善意。

本 章 小 结

存在使用在先的客观事实,且属于在同种或类似商品上使用相同或近似商标的情形,并产生一定影响的在先使用人可以主张用商标在先使用制度进行侵权抗辩。但由于立法规定较为简单,制度本身又牵涉到多方利益,因此理论与实践中对商标在先使用制度构成要件的具体内容一直存有争议。应依托商标在先使用制度存在的理论基础,针对现有理解与适用争议,定纷止争,明确商标在先使用制度构成要件的具体内容。

本书认为,关于"使用在先"构成要件,应厘清"使用在先"中"使用"的判断标准,对商标在先使用制度中"使用"的要求较之传统意义上商标性使用更高,既要符合商标性使用,又要限于"国内使用"和"持续性使用"。改变判定"在先"的"双重优先"标准,坚持仅以"商标申请日"作为判定"在先"的标准,同时在对在先使用人主观上要求善意的情况下,直接摒弃以商标权人使用之日作为判定"在先"的标准。关于"一定影响"构成要件,应统一"一定影响"认定规则,肯定"一定影响"要件存在的必要性,同时明确区分其他法律规定中的"一定影响"。明确"一定影响"认定的具体因素,对"一定影响"的认定,可主要根据在先商标使用的地理区域、相关公众的范围、相关公众对在先商标的知晓程度、认定达到"一定影响"要求的时间节点以及相关证据因素等进行综合认定。关于"善意",应明确将"善意"纳入商标在先使用制度的构成要件,同时以"非基于不正当竞争目的"对"善意"进行认定。其中,"非基于不正当竞争目的"主要指在先使用人不存在明显攀附商标权人商誉,或明显损害商标权人声誉等扰乱竞争市场的行为或意图。

第五章
商标在先使用制度行使限制及
扩张之完善

从中国立法关于商标在先使用制度的具体规定来看，在符合制度构成要件的前提下，在先使用人对在先商标的继续使用并非毫无限制。在先使用人仅能在原使用范围内继续使用在先商标，并且若存在权利人要求其附加区别标识的情况，在先使用人还应在在先商标所附商品或服务上附加适当区别标识。

与此同时，设立商标在先使用制度的初衷，在于平衡在先使用人的合法利益和商标权人的利益。只有明确这一目的，并将其作为根本价值追求，商标在先使用制度的适用才不会偏离立法本意。不论是对商标权人利益的保护，还是对在先使用人合法利益的保护，均有必要考虑利益失衡的可能性。在特定情形下赋予在先使用人一定限度的排他力，适时扩张商标在先使用的保护方式，正是基于保护在先使用人的合法利益的考量。

第一节　合理界定"原使用范围"

对在先使用人继续使用范围的界定，直接关涉到在先使用人合法利益与商标权人利益的分割。如何确定在先使用人的"原使用范围"，是商标权人与在先使用人均极为关切的问题。"原使用范围"的界定不合理,将直接导致在先使用人利益与商标权人利益的失衡,有失公平。本书认为,应确定界定"原使用范围"的时间节点,妥善圈定在先使用人继续使用的范围,同时明确应否限制在先使用人的生产规模,并构建网络环境中界定"原使用范围"的具体规则。

一、以"商标申请之日"界定"原使用范围"

立法对界定"原使用范围"的时间节点并无规定。理论中对界定"原使用范围"的时间节点存在两种不同认知,一种是坚持以商标权人权利主张之日作为界定"原使用范围"的时间节点,另一种是坚持以商标申请之日作为界定"原使用范围"的时间节点。司法实践中也存在以商标权人权利主张之日作为界定"原使用范围"的时间节点的案例,如"超妍"商标纠纷案[①];同样存在以商标申请之日作为界定"原使用范围"的时间节点的案例,如"城市之家"商标纠纷案[②]。本书认为,应坚持以商标申请之日作为界定"原使用范围"的时间节点。

根据前文所述,坚持以商标权人权利主张之日作为界定"原使用范围"的时间节点的理由包括三点。其一,从商标在先使用制度设立的初衷来看,在先使用人通过善意使用形成的合法利益当然都应该获得保护,因此,直到商标权人对在先使用人主张其商标权利之前,在先商标使用的地域范围或影响力辐射范围都应该被认定属"原使用范围"。其二,在商标权人主张权利之日前,在先使用人都可以对在先商标进行继续使用。在被诉侵权时,在先使用人可以依在先使用制度予以抗辩。因此,以商标权人权利主张之日作为界定"原使用范围"的时间节点,既可以最大限度保护在先使用人既得

---

① 参见江苏省高级人民法院(2016)苏民终字第 125 号民事判决书。
② 参见河北省保定市中级人民法院(2015)保民三初字第 135 号民事判决书。

利益,还能敦促权利人积极行使商标权。①其三,如果以商标申请之日作为界定"原使用范围"的时间节点,缺乏现实可操作性,因为如此界定无异于强迫在先使用人回到商标申请之日前的经营状态或经营范围,甚至被迫退出部分使用地域。

但是,以上理由均欠缺周延性。首先,商标在先使用制度设立的初衷,确实是为了保障在先使用人通过诚实善意劳动所形成的合法利益。不过并非在先使用人通过诚实善意劳动所形成的所有合法利益都应当获得保护。商标在先使用制度中任何规则的设置,都需要以维持在先使用人合法利益与商标权人利益的平衡为最终旨趣,对在先使用人合法利益的保护,不得以牺牲商标权人合法权益为方式。中国是商标注册取得制国家,使用不能获得商标权,如果商标权人申请注册以后,他人还可以通过使用行为使其可以在一定地域范围内的继续使用该商标,并且对抗商标权人的禁止权,那么注册制度的设置将变得毫无意义。尽管当前《商标法》强调"使用"的价值,但是也只针对先于商标权人申请之前的在先使用行为。因此,从维护注册取得制度、保障商标权人权利的视角来说,应坚持以商标申请之日作为界定"原使用范围"的时间节点,理论上来说,对商标申请之日后在先使用人使用在先商标的扩大范围不能获得保护。

其次,根据上文提及的理由,在商标权人不向在先使用人主张权利之前,在先使用人确实可以继续使用其在先商标。但是,虽然立法赋予在先使用人可继续使用的权利,不过立法并未允许在商标申请之日后在先使用人对在先商标可以继续扩大使用。在先使用人之所以能够主张商标在先使用制度予以保护,根源在于存在足够的可供保护的"合法"利益。之所以强调"合法",是因为在商标权人申请注册商标前,在先使用人对其在先商标的使用不存在任何阻碍或权利阻挡,其通过诚实善意劳动获得的合法利益当然

---

① 参见单麟:《先用商标"原使用范围"限定问题研究》,2018 年华东政法大学硕士论文,第 30—31 页。

应该获得保护,而且这种形成的合法利益不应该被剥夺,可以延续。但是商标权人申请注册商标后,权利阻挡或权利壁垒已经形成,他人对其商标的使用不仅不能获得保护,反而可能构成侵权,即使他人的使用是诚实善意的。换言之,从理论上来看只有在商标申请之日前形成的合法利益才可以被延续。至于上文提及的以商标权人主张权利之日作为界定"原使用范围"的时间节点能够敦促权利人积极行使商标权的提法也是不周延的。根据《商标法》的规定,只要在诉讼时效期间,商标权人如何行使权利、何时行使权利,都是商标权人的自由。

最后,以商标申请之日作为界定"原使用范围"的时间节点,确实无异于强迫在先使用人回到商标申请之日前的经营范围,缺乏一定可操作性。但是,它仅是一个实践操作的问题,从法理上分析以商标申请之日作为界定"原使用范围"的时间节点才符合制度原理。为妥善解决此难题,本书建议,法院在划定"原使用范围"时,对于在先使用人在商标申请之日至商标权人主张权利之日期间的扩大使用范围部分,允许甚至鼓励在先使用人与商标权人积极协商关于扩大使用范围部分的处理办法,包括但不限于以合作许可的方式(免费许可/收费许可)达成一致意见;在无法形成一致意见时,法院允许在先使用人拥有一个月至三个月就扩大使用范围部分改变在先商标的过渡期。在过渡期内,在先使用人可以继续使用在先商标,但继续使用的目的在于告知此范围内的相关公众其要更换商标的讯息,并在过渡期结束后,要在此扩大范围部分使用新的商标,以尽可能避免双方的损失。

二、妥善圈定在先使用人继续使用的范围

依前文分析的内容来看,理论与实践中对"在先使用人仅能在原商品或服务类别上使用在先商标"这一限制并无异议,但是关于应否限制在先使用人的继续使用地域范围存在争议。

（一）在先使用人仅能在原商品或服务类别上继续使用在先商标

将在先使用人的继续使用范围限制于"原商品或服务类别"不难理解。回顾前文，利益平衡是商标在先使用制度的理论基础，这一制度既要保护在先使用人通过其善意的诚实劳动获得的合法利益，又要保障商标权人的利益不受损害，平衡在先使用人的合法利益与商标权人的利益是商标在先使用制度的最终目的。在先使用人的合法利益来源于在先使用人通过其善意的诚实劳动所形成的"既存状态"，一旦在先使用人对在先商标的继续使用超出此"既存状态"，超出的部分就侵犯了商标权人的权利。在先使用人对商品或服务类别进行扩张使用，当然属于超出"既存状态"的类型，商标权人的权益受到挤压。因此将继续使用范围限于"原商品或服务类别"，是利益平衡之需要，是完全合理的。而且，域外多数国家或地区直接在法律条文中明确要求在先使用人仅能在原商品或服务类别上使用在先商标。

但需要注意的是，此"商品或服务类别"指的是商标权人核准注册的其他类别。唯有在先使用人对在先商标的使用扩展到商标权人核准注册的其他类别时，在先使用人的继续使用行为超出了"原使用范围"的范畴，应对超出的部分承担侵权责任。但是，如果在先使用人对在先商标的使用扩展到其他商品或服务类别，此商品或服务类别并非商标权人核准注册的其他类别，此时在先使用人的使用行为并未落入商标权人的权利控制范围，其当然可以继续使用，在先使用人甚至可以向商标局提请在先商标于此商品或服务类别的注册，获得此类别的注册商标专用权。

（二）在先使用人仅能在原使用地域范围内继续使用在先商标

中国法律界在界定"原使用范围"时，理论与实践中也存在关于应否限制原使用地域范围的争议。正如前文所总结的那样，产生争议的原因，一方面与限制地域范围的可操作性相关，另一方面与域外法律规定相关。不过，虽然域外多数国家或地区在立法中并未对使用地域范围施以限制，但是在具体司法实践中，法院一般要求在先使用人仅能在原地理区域范围内继续使用在先商标，或不得超出原使用地域范围。如在日本"广岛 DDC"商标纠纷案①中，审理法院就明确指出，在先使用人继续使用范围不得超出其广为认知的范围。又如中国台湾地区法院审理的"老夫子"商标纠纷案②中，法院最终认为，不必要对店数进行限制，但是对此放宽限制不及于在地理区域上的扩张。③也就是说，域外多数国家或地区仍是支持限制原使用地域范围的。

正如前文分析的那样，中国地域宽广、幅员辽阔，若不对在先使用人原使用地域范围施以限制，则意味着在先使用人可以在全国范围内继续使用其在先商标，这不仅严重超出了在先使用人依靠在先使用行为获得的"既存状态"，还对商标权人的权利空间造成了劣性挤压，原使用地域范围之外的其他相关公众也会因为在先商标与商标权人商标相同或近似，而对商品或服务来源产生混淆，实质损害了原使用地域范围之外其他相关公众认牌购物的信赖利益。更甚而言，一旦不对在先使用人继续使用的地域范围进行限定，其实就相当于承认在先使用人可依商标在先使用制度在全国使用商标，实质就是认可在先使用人通过使用基本实现了商标权，这与我国商标权取得制度是相冲突的。因此，将原使用地域范围纳入"原使用范围"之内，并将原使用地域范围明确在具体司法判决之中，坚决排除争议，是合理的。

对"原使用地域范围"的界定，可以参考商标在先使用制度中"一定影响"的范围。从程度而言，在先使用人仅能在其影响力辐射的范围内继续使用在先商标，在先商标影响力辐射的范围即原使用地域范围，原使用地域范围与"一定影响"的集中区域具有同一性。对原使用地域范围的界定，可以通过在先商标使用的地理区域、相关公众的范围、相关公众对在先商标的知

---

① 参见广岛地方法院福山支部昭和 57 年（1982 年）9 月 30 日判决，转引自杜颖：《商标先使用权解读——商标法第 59 条第 3 款的理解与适用》，载《中外法学》2014 年第 5 期，第 1364 页。
②③ 参见台南地方法院 97 年易字第 2152 号民事判决书。

晓程度等因素予以确定。但需要注意的是,原使用地域范围并不全然是"一定影响"的范围,其仅限于"一定影响"的集中区域。试想,在先使用人在举证其在先商标达到"一定影响"时,向法院提交了其在全省范围内对其在先商标进行广告宣传的证明,但其"一定影响"集中区域仅限于某地级市,此时原使用地域范围难道及于全省? 答案显然是否定的。

三、不应对在先使用人生产规模施以限制

　　商标在先使用制度设立的目的是平衡商标权人的利益和在先使用人的合法利益。出于维护商标秩序以及商标权利人权利的需要,应对在先使用人施以必要限制,但限制须在合理限度内。制度的制定与运行应尊重市场规律,任何违背市场竞争规律的制度都是不合理的。对在先使用人的生产规模进行限制,意味着接下来每年在先使用人都必须控制其生产数量,这导致在先使用人在日常生产经营活动之中束手束脚,不仅降低了在先使用人的市场能动性,还限制了竞争,违背了市场的竞争规律,不符合市场交易原则,不符合市场经济的要求。

　　而且,不对在先使用人的生产规模进行限制,并不会对商标权人利益构成实质损害。因为在对"原使用范围"的界定上,已经对在先使用人继续使用的商品或服务类别进行了必要限制,也对在先使用人继续使用的地域范围进行了限定。而继续使用的地域范围与"一定影响"的集中区域具有同一性,即限制在先使用人继续使用的地域范围,也就将在先使用人继续使用的范围限于其影响力辐射范围之内。[①]通常情况下,在先使用人生产规模的扩大并不会直接导致在先商标的影响力辐射范围变大,即使影响力辐射范围因生产规模扩大而有所扩大,在先使用人也不能涉足所拓展的地域范围。换言之,通过限制在先使用人继续使用的商品或服务类别,以及限制在先使

---

① 　参见倪朱亮:《商标在先使用制度的体系化研究——以"影响力"为逻辑主线》,载《浙江工商大学学报》2015 年第 9 期,第 81—82 页。

用人继续使用的地域范围,已经足够体现出对商标权人权利的维护,商标权人的利益并不会因为不对在先使用人生产规模进行限制而受到多大损失。

四、构建网络环境中"原使用范围"的界定规则

与传统物理环境下"原使用范围"的界定相比,对网络环境中"原使用范围"的界定更为复杂,因为网络没有边界。但是网络的超地域性特点,并不代表不能对网络市场进行分割。从制度构成要件来看,只要在先使用人存在使用在先的客观事实,且属于在同种或类似商品上使用相同或近似商标的情形,并产生一定影响,在主观善意的前提下,其就可以主张基于其在先使用产生的合法利益运用商标在先使用制度抗辩,对于在先使用人的在先使用行为是发生在传统物理环境之中还是在网络环境之中却并无限定。如今,在互联网时代,多数商业活动都围绕网络展开,如果不认可网络环境中的在先使用行为,商标在先使用制度存在的意义将会大打折扣。发展到今天,网络市场其实也逐步形成了各个可以被分隔开的独立市场,与物理环境中的分隔市场并无实质差异,事实上完全可以通过依照网络平台、网络内容等对网络市场进行合理分割,①以界定在先使用人"原使用范围"。

网络的超地域性,是否代表在先使用人一旦在网络上开始了在先使用行为,任何第三人均可以接触到该在先商标,其"原使用范围"就及于整个网络?以上认知当然是不正确的。举例来说,在先使用人仅在浙江省宁波市使用其在先商标,但是宁波作为全世界风景秀丽的城市之一,经常有旅客前往宁波市旅游,从某种程度上来说存在任何第三人都可以接触到该在先商标的可能,此时是否可以判断该在先商标的"原使用范围"及于全球?答案当然是否定的。"原使用范围"的界定并非以接触可能作为划定依据,其应是与在先商标"一定影响"集中区域为同一性的。在传统物理环境下,"原使

---

① 参见罗莉:《信息时代的商标共存规则》,载《现代法学》2019年第4期,第85页。

用范围"的界定应参考在先商标影响力辐射的集中区域,网络环境中对"原使用范围"的界定也应如此。

本书认为,在网络环境中,可以依据具体的网络平台或者互联网产品对在先使用人"原使用范围"进行界定。虽然网络没有边界,但并不意味着在先使用人在网络上使用了其在先商标,其在先商标的影响力辐射范围就会及于整个互联网。在先商标影响力的形成,往往依托相应的网络平台或者互联网产品。他人通过该网络平台或者互联网接触到该在先商标,并且对在先商标所附商品或服务进行相应的购买行为,相关公众与在先商标的稳定联系由此建立,在先使用人的合法利益也由此形成,在先使用人可以基于此合法利益主张商标在先使用制度予以保护。该网络平台或者互联网产品是在先商标影响力产生的依托,也是影响力得以延续的依托。这不仅能够保障在先使用人通过在先使用行为产生的合法利益,也能保障在此网络平台或互联网产品上依凭该在先商标认牌购物的相关公众的公共利益。但需要注意的是,并非在先使用的所有网络平台或者互联网产品都应该被限定为"原使用范围",还应结合在此网络平台或互联网产品上在先商标所附商品或服务具体的购买数目、具体网页浏览量等因素综合确定。若在某一网络平台或互联网产品上,在先使用人提供的商品或服务销量常年接近于零,并且网页浏览量较少,此时难以说明在此网络平台或互联网产品上在先商标的使用达到了"一定影响"的要求,以此继续界定在先商标的"原使用范围"并不合理。

国内首例关于网络环境中"原使用范围"界定的案例为深圳市中级人民法院审理的"悦跑"商标纠纷案①。在该案中,审理法院认为,在先使用人的在先使用行为基本都是在网络上完成的,其对"悦跑"这一在先商标的使用范围突破了现实的地域限制,其"原使用范围"应及于整个网络。但是,出于

---

① 参见广东省深圳市中级人民法院(2017)粤 03 民初字第 977 号民事判决书。

对商标权人权利维护的需要，法律仅能保护在先使用人已经形成的市场和商誉，因此必须对在先使用人"原使用范围"做严格的限缩解释。基于此种考量，在先使用人继续使用的范围应仅限于原网络平台"微信""微博"，而不得扩展到其他网络平台上。本书赞同审理法院的最终结论，但是从理论上来说，审理法院得出最终结论的理由并不正确。符合商标在先使用制度构成要件的在先使用人当然而且理应在"原使用范围"内继续，不应以任何非正当理由对其"原使用范围"进行限缩，否则就相当于剥夺了在先使用人通过诚实善意劳动创造的合法利益，不符合商标在先使用制度设立的初衷。实际上，在先使用人的继续使用范围并非及于整个互联网，而仅限于原网络平台或者互联网产品。

概括言之，网络环境中可以也有必要依据具体的网络平台或者互联网产品对在先使用人"原使用范围"进行界定。譬如，在商标申请之日前，在先使用人仅在"淘宝"这一网络购物平台上存在在先使用行为，则在先使用人的继续使用范围应仅限于"淘宝"网络平台，而不得扩展到其他网络平台如"京东"、"拼多多"等。而且，应考察在先商标在此网络平台或互联网产品上的使用是否使其形成"一定影响"。

第二节　明确"附加适当区别标识"的适用规则

之所以存在"附加适当区别标识"这一行使限制，主要是为防止相关公众对同一商标所附商品或服务来源产生混淆，是基于对相关公众认牌购物信赖利益的维护。因此，本书认为，在附加区别标识的适用规则上，应将"混淆可能"视为商标权人主张附加区别标识要求的前提，附加区别标识请求权行使的主体只能是商标权人，且"适当"的程度应以避免相关公众产生混淆为标准。

一、"混淆可能"是商标权人要求附加区别标识的前提

附加区别标识的核心目的在于防止相关公众发生混淆。符合商标在先使用制度构成要件的在先使用人,可在原使用范围内继续使用在先商标。但在原使用范围内,由于在先使用人使用的商标与商标权人商标相同或近似,且在先商标所附商品或服务与商标权人提供的商品或服务相同或类似,这意味着该市场上就可能出现使用相同商标的商品,但提供该商品的生产者确非同一人。此时处于这一范围内的相关公众就容易对商品或服务的来源产生混淆。一旦相关公众认为在先使用人提供的商品或服务实际是由商标权人提供的,或在先使用人与商标权人之间存在合作或许可关系,这就意味着相关公众依靠商标识别商品或服务来源的公共利益受到损害。为维护相关公众的信赖利益,避免相关公众对商品或服务的来源产生混淆,有必要通过附加区别标识的方式,将在先使用人提供的商品或服务与商标权人提供的商品或服务区别开来。

由此观之,并非商标权人向法院提出请求,在先使用人就必须要在其商品或提供的服务上附加区别标识。只有在相关公众容易对商标的来源产生混淆或者误认的情况下,在先使用人才须附加区别标识。在判定在先使用人应否附加区别标识时,应以混淆可能为必要前提。

然而,从中国关于商标在先使用的规定来看,商标权人可以要求在先使用人附加区别标识,而不存在"混淆可能"这一行使前提限定。但是,通常情况下,在先使用人商标与商标权人商标发生"混淆可能"的概率并不高。因为在先使用人对在先商标的使用往往限于某一狭小地域,对于这一狭小地域的相关公众来说,由于地域相隔较远的缘故,相关公众接触商标权人商标的可能性并不高,如果相关公众不会混淆在先商标与商标权人商标,要求在先使用人附加区别标识便毫无意义。除非商标权人的商品或服务已经进入了在先使用人的原使用范围市场,或者做好了已经进入在先使用人原使用

范围市场的准备,此时处于原使用范围的相关公众容易对商品或服务来源产生混淆,在先使用人才须附加区别标识。当然,并非商标权人的商品或服务准备进入或已进入在先使用人原使用范围市场,在先使用人就必须附加区别标识,如果在先商标所附商品包装与商标权人商标所附商品包装差别巨大,相关公众不会对商品来源产生混淆,在先使用人也无须附加区别标识。日本法院在判定在先使用人是否应附加区别标识时,也强调应考察当事人双方各自的使用状况,以实际使用情况来确定附加区别标识的合理性。[1]譬如,在日本"真葛"商标纠纷案[2]中,审理法院就认为,在先使用人对"真葛"商标的使用早已达到广为认知的程度,即使不附加区别标识,相关公众也不会对该产品的来源产生任何误认,因此驳回了商标权人附加区别标识的请求。

一以言之,"混淆可能"应是商标权人要求附加区别标识的前提。在司法实践中,法院在判定在先使用人是否需要附加区别标识时,也应当以相关公众是否会对商品或服务来源产生混淆为依据。

二、"附加区别标识"请求权行使主体只能是商标权人

本书认为,在商标权人未明确要求在先使用人附加区别标识的情况下,法院不得主动要求在先使用人附加区别标识。理由在于,首先,从日本关于适用"附加区别标识"具体立法及司法实践来看,对于"附加区别标识"的提出,只有在商标权人或其独占许可使用人的要求下,法院才对应否"附加区别标识"进行相应审查与判断,一般情况下,法院不会主动要求在先使用人在其商品或服务上"附加区别标识"。其次,从文义解释的视角来看,立法规定商标权人可以向在先使用人提出附加区别标识的要求,也可以不要求或暂不要求。因此,在商标权人未提出实质要求下,在先使用人应无主动义务

---

[1]　参见[日]小野昌延、三山峻司:《新·商标法概述》,青林书院 2009 年版,第 293—294 页。
[2]　参见东京高等法院平成 14 年(2002 年)4 月 25 日判决,载《判例时报》1829 号,第 123 页。

去附加区别标识；在商标权人提出要求在先使用人附加区别标识的申请时，法院才可以对附加区别标识的必要性予以审查与判断。所以当商标权人未提出要求时，法院不得主动援引"附加区别标识"的行使限制规定要求在先使用人附加区别标识。

但是反对观点认为，附加区别标识的核心目的在于防止相关公众产生混淆，在商标权人不对在先使用人提出要求的情况下，法院也应出于维护相关公众公共利益的需要，主动要求在先使用人附加区别标识。本书认为，法院依然不可以主动援引该规定。理由在于，商标权本质上是一种私权，法律应当允许权利人依照其自身意志对其进行处分。[①]在商标在先使用制度中，法律将在先使用人合法利益、商标权人利益和相关公众的公共利益均视为保护对象，当三者发生冲突时，应进行必要平衡。从理论上来看，商标权人是利益相关方，应推定其不会作出有害于自身利益的安排。商标权人之所以不要求在先使用人附加区别标识，有可能是基于双方当事人之间的合意，是双方当事人自由选择的结果。法院作为审判机构，"难以像身处利害关系之中的商标权人那样，依照当时的商业态势及商业目的去决定共处格局，也就难以找到妥善安排各方利益的最佳平衡点"。[②]因此，法院主动要求在先使用人附加区别标识，有可能破坏在先使用人与商标权人之间自由意志的表达。

三、"适当"程度应以避免相关公众产生混淆为标准

如前文所述，附加区别标识并不要求对在先商标本身做任何修改。若强行要求改变在先商标本身，实质是对商标在先使用制度的否定。[③]之所以

---

① 参见 the preamble of TRIPS Agreement。
② 冯术杰：《限制注册商标权：商标先用权制度的改革路径》，载《知识产权》2019 年第 8 期，第 77 页。
③ 参见［日］纲野诚：《商标》，有斐阁 2002 年版，第 783 页。

附加区别标识,目的在于使相关公众能够通过附加的特定标识,将在先商标所附的商品或服务与商标权人商标所附商品或服务区分开来,从而不会对商品或服务来源产生混淆。所以在先使用人附加区别标识的"适当"标准,应以避免相关公众产生混淆为标准。

需要明确的是,在先使用人附加的区别标识应尽可能做到明显、突出,才符合"适当"的要求。因为相关公众在选购商品或服务时,是凭借自身记忆对其进行选择和比较的,但是记忆是短暂且粗略的,相关公众一般不会特地去关注商标的具体特征,所以若附加的区别标识无法使相关公众一目了然,是难以达到避免混淆的程度的。如在商品的包装上,在先使用人若仅添加一个简单的字符以区别商标权人的商品,通常情况下难以达到"适当"的要求。因为对于普通相关公众来说,其在选购商品时难以捕捉到新增加的字符,即使相关公众注意到字符的存在,也很难想到在先商标所附商品与商标权人所附商品并非同一商品,这就不能起到防止相关公众混淆的目的。在先使用人在其商品包装上增加一行说明性的小字,表明此商品非商标权人商品,也难以说明附加区别标识达到了"适当"的要求,因为一般情况下,相关公众在选购商品时不会阅读商品包装上的每一行字都进行阅读,这种做法依然难以起到防止混淆的效果。因此在先使用人附加的区别标识应尽可能明显、突出,才有可能使相关公众注意到区别标识的存在。

在附加区别标识的方式上,可以借鉴此前学者在著述中建议的具体方式,以及域外关于附加区别标识具体方式的规定等。比如,将澄清关系的声明标注于商品包装或装潢的显著位置,使相关公众一看到该商品包装或装潢就可以将商品或服务的来源区分开来;附加独立的标识以示区分,譬如将在先使用人的企业字号作为独立的标识列于商品包装或装潢的显著位置;突出在先商标所附商品或服务来源的产地等。当然,附加何种区别标识应根据对在先商标与商标权人商标的实际使用情况而定,只要能够避免相关公众产生混淆,就达到了"适当"的要求。同时,法律不应对区别标识的附加做统一性规定,但可以提供相应附加方式供在先使用人与商标权人参考。

第三节 商标在先使用制度行使扩张的建议

本书认为,符合商标在先使用制度构成要件的在先使用人,仅可在原使用范围内继续使用在先商标,并不具有在原使用范围内排除他人对其在先商标予以使用的排他权。就现有商标制度环境而言,主张赋予在先使用人在原使用范围内"全部排他权"的观点并不正确,主要理由在于三点。一是忽略了商标权人对在先使用人原使用范围的"侵略"。二是实质形成了使用与注册均可取得商标专用权的双轨取得模式,必然会撼动商标注册取得制度体系,且贸然认可使用可以获得商标权并不符合当前实际,反而造成商标权体系大变革,不利于市场经济的稳定。三是应先适用商标法解决商标在先使用问题。

但是,出于维护特定情形下在先使用人合法利益的要求,本书建议,可以增设相关规则,在特定情形下赋予商标在先使用人一定限度的"排他力"。特定情形应满足的条件包括:第一,在先使用人符合商标在先使用制度的构成要件;第二,存在未经许可的第三人在商标在先使用人原使用范围内使用商标权人商标的侵权行为;第三,商标权人拒不履行其排他权利;第四,未经许可的第三人在原使用范围内进行的侵权行为危害到商标在先使用人合法利益。

同时,在商业标识立法体系框架下,对商标在先使用制度中在先使用的客体可作广义理解,在先使用制度中的"商标"概念可延伸至"商业标识"。

一、赋予在先使用人在原使用范围内全部排他权的证伪

根据前文对"全部排他权"的定义来看,其是指"在先使用人在原使用范

围内享有与商标权人同等的权利,其不仅可以在原使用范围内继续使用其在先商标,并且可以禁止包括商标权人在内的任何第三人在原使用范围内使用其在先商标,一旦发现在其原使用范围内存在任何第三人使用其在先商标的行为,在先使用人可以要求其停止使用商标,并主张相应的损害赔偿"。本书认为,在现有社会和制度环境下,主张赋予在先使用人在原使用范围内的"全部排他权"并不适用。商标在先使用的性质并非"权利",仅是一种主张不侵权的抗辩手段,在先使用人仅可就其在先使用产生的合法利益进行抗辩,主张在原使用范围内继续使用其商标,但不享有任何权利。

（一）忽略了商标权人对在先使用人原使用范围的"侵略"

诚如前文所述,之所以理论界有学者主张赋予在先使用人在原使用范围内的"全部排他权",一部分原因是在先使用人通过其在先使用行为在原使用范围内形成了"一定影响",在"一定影响"的范围内形成了依凭在先使用商标区分商品或服务来源的相关公众,基于对这部分相关公众所产生公共利益的保护,主张赋予在先使用人在原使用范围内的"全部排他权"。除此之外,商标在先使用人在"一定影响"范围内形成了可供保护的商誉,且在后注册商标事实上很可能未在该地域内建立商誉,[1]基于保护在先使用人于"一定影响"范围内商誉的要求应赋予其在原使用范围内"全部排他权"。

本书认为,上述主张忽略了商标权人对在先使用人原使用范围的"侵略"。即使按照其观点来看,在事实层面在后注册商标很可能未在该地域内建立商誉,该地域内的商誉完全由在先使用人创造,不过在先使用人继续使用的地域范围不得扩大,仅能限于原使用范围。但是,商标权人对其商标的使用地域是不受限制的。即使禁止商标权人在在先使用人的原使用范围内使用其商标,随着商标权人对其商标的持续使用,其商标影响力辐射的范围是在不断扩大的,未来其商标的影响力总是能进入在先使用人的原使用范

① 参见冯术杰:《限制注册商标权:商标先用权制度的改革路径》,载《知识产权》2019年第8期,第79页。

围。换言之,在后注册商标在在先使用人的原使用范围内的影响力的形成,可以完全不基于在后注册人在此范围内的使用。也就是说,商标权人对在先使用人原使用范围造成了"侵略",这种"侵略"的形成完全基于商标权人可以在全国范围内①使用其商标这一合法途径。因此,即使赋予商标在先使用人在原使用范围内的"全部排他权",一定程度上也难以避免未来商标权人在此原使用范围内形成商誉,而且同样存在使此地域范围内相关公众产生混淆的可能,甚至还会导致该原使用范围内的相关公众认为在先使用人使用的商标是假冒商标,反而可能损害在先使用人的合法利益。

（二）赋予在先使用人全部排他权必然撼动商标注册取得制度

学者主张赋予在先使用人在原使用范围内的"全部排他权"并不会撼动商标注册取得制度的原因在于,对在先使用人的保护完全依赖于商标实际使用,对于在先使用人而言,其每一次主张在原使用范围内"全部排他权",都需要提供完整的商标使用证据,一旦其提供的商标使用证据存在瑕疵,其排他权利就无法得到支持;但是,对于商标注册权人来说,其权利的获得仅需要完成向商标局的申请注册,权利行使只需要核准注册证书。"从主张权利保护的难度来说,通过注册获得保护仍然是最有效的方式。"②对于普通公众来说,相对于保留完整的使用证据,其当然会选择更为便捷的"注册"途径去保护自己的商标权。因此,赋予在先使用人在原使用范围内"全部排他权",并不会对商标注册取得制度造成有效冲击。

但本书认为,尽管知识产权观念已经深入人心,不过普通公众对知识产权的理解仍然停留在简单层面。例如普通公众知晓"专利需要申请才能获得保护""商标需要注册才能获得保护""自己独立创作的作品能够获得著作权保护",但是对于具体规则的设置并不十分了解,除非专门咨询过从事知

---

① 此处所指的"全国范围内"应不包括在先使用人"原使用范围"。
② 冯术杰:《限制注册商标权:商标先用权制度的改革路径》,载《知识产权》2019年第8期,第81页。

识产权事务的人员。如果赋予在先使用人在原使用范围内的"全部排他权",很可能会使普通公众认知形成这样一种误区:商标并非需要注册才能获得保护,通过自己的使用也可以获得保护。之所以会形成这种认识误区,主要原因在于普通公众不会去理解规则的具体设置,仅会通过简单记忆的方法认识法律制度。普通公众形成"商标通过自己的使用也可以获得保护"这种认识误区的原因还在于,即使他们知晓使用需要达到"一定影响"的程度,但商标在先使用制度中对"一定影响"的要求是较低的,从普通公众的心理期待出发来看,其在准备开展商业经营活动时,一般不会认为自己使用的商标的影响力连乡镇范围都辐射不到,也不会认为自己对商标的使用无法满足"一定影响"的要求。因此,在当前社会环境下,限于普通公众的认知水平,认可赋予在先使用人在原使用范围内"全部排他权"极有可能使普通公众产生"商标通过自己的使用也可以获得保护"的认识误区,当然会撼动当前的商标注册取得制度。

单从理论上来说,赋予在先使用人在原使用范围内"全部排他权",意味着在先使用人可以禁止包括商标权人在内的任何第三人使用其在先商标,并且主张损害赔偿,在原使用范围内,在先使用人基本实现了与商标权人一样的权利,实质是承认在先使用人通过"使用"行为获得了商标权。中国采用单一注册取得制,在该取得模式下,唯有注册才可取得商标权,使用是不能获得商标权的。之所以设立注册取得制,目的在于建立完整的商标公示体系,在便于国家对商标统一管理的同时,他人也可以通过公示体系预先查询到商标注册情况,从而避免不必要的冲突与纠纷。如果承认通过"实际使用"可以获得商标权,实质破坏了商标注册制度的功能。因为在一般情况下,他人是难以通过简单检索的方式获知该商标已被他人使用的,即使法律要求使用人应对其使用的商标予以备案公示,也很难因为使用人未进行备案公示而直接排除其权利。因此,市场上可能同时存在商标注册取得与商标使用取得两种商标权取得方式,这反而会造成市场混乱。诚如有学者所言："过分强调实际使用的作用,甚至通过实际使用否定商标专用权的法律效力,实质上是放弃法律的行为导向和形塑社会秩序的功能,不但对商标法律秩序体系造成冲击,也不利于市场经济的稳定。"[①]在现有环境下,商标注册取得制度仍是商标权获得的根本,承认在先使用人通过"使用"获得商标权必定会撼动商标注册取得制度,给商标法律秩序体系带来不利影响。

回顾前文,域外大多数国家或地区对商标在先使用的具体规定都将商标在先使用视为商标权权利的限制,商标在先使用仅仅具有被动的抗辩效果,而不具有积极的排他效力或排他权,对这一点应是基本达成了共识。虽然同样存在部分国家认可在先使用人在原使用范围内具有全部排他权的情形,如欧盟附前提认可在先使用人在原使用范围内的全部排他权,但是其前提是"需要成员国法律的允许",即根据成员国法律的规定,在先使用标识可以获得权利,在先权益人依照该在先权利的存在而排除在后注册人对该标识在原使用范围内的使用,中国不存在类似规定。再如英国通过反假冒诉讼认可在先使用人在原使用范围内的全部排他权,但是需要注意的是,与中国采用的单一注册取得制不同,英国在商标权的取得上采用混合取得制,这意味着在英国,使用与注册均可获得商标权,不存在动摇商标取得制度的问题。

因此,出于维护商标注册取得制度的需要,在现有社会和制度环境下,不应赋予在先使用人在原使用范围内的"全部排他权"。

（三）应先适用商标法解决商标在先使用问题

反法主要调整的是不正当的商业竞争行为,商标法主要解决涉及商标权的法律争议,两者的规制思路与规制路径截然不同。但是,在涉及商业标识的混淆和侵害他人商誉的行为上,两者都可以对其予以规制。从立法及司法实践来看,商标法在对商业标识进行保护时,并不排斥反法。比如,只

---

① 田晓玲、张玉敏：《商标注册的性质和效力》,载中国知识产权法学研究会：《中国知识产权法学研究会 2015 年年会论文集》,第 586 页。

有在他人存在使用商标的客观事实时,商标权人才可以寻求通过商标法对该侵权行为予以规制,但是如果他人将商标作为企业字号使用,此时根据商标法规定,若他人行为构成不正当竞争的,商标权人可以寻求反法对其合法权益进行维护。①

但是两者并不存在适用冲突。德国著述中的通说和判例都认为,在涉及商业标识的混淆和侵害他人商誉的行为上,反法与商标法都可以适用,但是对反法的适用不得损害商标法的主要原则。尤其是在商标问题上,只有当商标法缺乏明确规定时,才有适用反法对相关行为予以规制的可能。②因此,商标法与反法的关系,表现为竞合关系和补充关系,竞合关系排除了两法交叉存在的可能。德国联邦最高法院认为,"适用反法予以补充规制的前提在于,存在因缺乏商标侵权构成要件,且商标法无法规制的符合不正当要件的行为"。③反法可责难的行为应是商标法无法规制且造成相关公众产生混淆或他人商誉受损的不正当竞争行为。④换言之,反法规范的是不正当的模仿和假借商誉的行为,涉及商标财产侵权的只能由商标法予以规制,只有在商标法无法规制时,才能由反法予以补充。在假借他人商誉的纠纷案中,有审理法院认为,若被控侵权人存在商标性使用行为,并且这种使用行为导致相关公众产生混淆,此时当然应由商标法予以规制。若被控侵权人的行为难以被认定构成商标使用,不属于商标性使用行为,此时应观察被控侵权人的行为是否具有不正当性,比如存在通过贬低商标权人商标抬高自己商标价值、不当增加自身交易机会的行为等,再决定是否适用反法予以规制。⑤

---

① 参见《商标法》第58条:"将他人注册商标、未注册的驰名商标作为企业名称中的字号使用,误导公众,构成不正当竞争行为的,依照《中华人民共和国反不正当竞争法》处理。"
② 参见〔德〕弗诺克·亨宁·博德维希:《全球反不正当竞争法指引》,黄武双、刘维译,法律出版社2015年版,第292页。
③ 刘孔中:《解构知识产权法及其与竞争法的冲突与调和》,中国法制出版社2015年版,第15页。
④ 参见范长军:《德国反不正当竞争法研究》,法律出版社2010年版,第42页。
⑤ 刘孔中:《解构知识产权法及其与竞争法的冲突与调和》,第119页。

从商业标识保护的立法体系来看，商业标识不仅包含商标，而且还包括商号、地理标志等所有能够区别商品或服务来源的标记。①现有商标保护体系仅对商标法律问题予以规制，而对于其他商业标识的保护，主要还是通过反法的形式。《德国商标法》也仅将商业名称和产地来源标志与商标进行同等保护，其他商业标识包括商业外观等也仍由反法进行保护。②由此来看，对于存在特别法封闭性保护的商业标识，如商标，不应通过反法进行保护；对于不存在特别法封闭性保护的其他商业标识，若存在不正当竞争行为，则应主张适用反法。

因此本书认为，能够通过商标法解决的问题，尽量不要适用反法。按照此适用逻辑，对于在先使用人使用的在先商标的保护，商标法中有极为明确的界定，应先适用商标法解决商标在先使用问题。

二、在特定情形下赋予在先使用人一定限度的"排他力"

在先使用人通过诚实善意的劳动创造的合法利益，可以依凭商标在先使用制度予以侵权抗辩，在先使用人可以在原使用范围内继续使用其在先商标。但是当前商标立法体系对在先使用人合法利益的保护并不全面。在先使用人仅能对抗商标权人的禁止权，但若存在未经许可的第三人在商标在先使用人原使用范围内使用商标权人商标的侵权行为，且商标权人拒不履行其排他权利的情况下，在先使用人的合法利益难以得到保障。立法设立商标在先使用制度的初衷，在于平衡在先使用人的利益与商标权人的利益，制度的立法本意在于维护在先使用人的合法利益与商标权人的合法权益，任何一方的利益受到损害却无法获得救济时，都偏离了立法本意。因此，本书建议，为维护商标在先使用人合法利益，实现制度设立的立法本意，在特定情形下有必要赋予在先使用人一定限度的"排他力"，以保障自身合

① 参见王莲峰、黄璟：《商业标识权利属性及其保护探析》，载《学术交流》2016年第8期，第97页。
② 参见［德］安斯加尔·奥利：《德国商标法》，范长军译，知识产权出版社2013年版，第8页。

法权益不受损害。

(一) 赋予在先使用人一定限度"排他力"具有合理性

商标在先使用仅是一种被动的抗辩手段,即只有在商标权人向在先使用人提出侵权请求时,使用在先并产生一定影响的在先使用人才可以依据商标在先使用制度予以抗辩。在先使用人依凭商标在先使用制度仅可在原使用范围内继续使用在先商标,而不具有积极的排他权能。但是,之所以赋予在先使用人对抗商标权人禁止权的手段,关键在于在先使用人通过善意的在先使用行为在一定地域范围内形成了合法利益或商誉,这种合法利益或商誉是在先使用人寻求保护的基础。但是现有商标立法体系对在先使用人形成的这种合法利益或商誉的保护并不全面,在某些特定情形下,如不赋予在先使用人一定限度的"排他力",商标在先使用人的合法利益或商誉将遭受巨大损失。这种特殊情形是指,存在未经许可的第三人在商标在先使用人的原使用范围内使用商标权人商标的侵权行为,且商标权人拒不履行其排他权利的情况下,在先使用人无法通过商标在先使用制度或商标法的具体规定获得保护。

在特定情形下赋予在先使用人一定限度的"排他力",具有合理性。但必须要说明的是,此处的"排他力"并非"排他权"。此处的"排他力"仅是指在某些特定情形下,商标在先使用人可以向法院请求排除第三人侵害其合法利益或商誉的行为。

之所以认定其具有合理性,主要原因有三点。第一,之所以对商标在先使用进行保护,就是因为在先使用人通过在先使用行为形成了足够的可供保护的合法利益。这种凝聚了无差别人类劳动的合法利益应该受到法律的保护。当这种合法利益受到侵害时,应通过相应的法律手段排除这种侵害。

第二,这种"排他力"只能在限于特定情形下行使。按照现行《商标法》关于商标在先使用制度的具体规定,在先使用人在维护其合法利益时可能会陷入困境。譬如,假设商标权人长时期在长三角一带开展经营活动,其商标的影响力范围主要辐射长三角地区,且商标权人暂时未有进一步扩大生产规模的想法,而在先使用人的"原使用范围"限于陕西省西安市一地。此时若存在第三人同样在西安市使用该在先商标,依照现行商标在先使用制度的规定,在先使用人不具有"排他权",拥有排他权的只能是商标权人。在在先使用人已经通知商标权人存在第三人侵犯其商标权的情况下,商标权人出于目前自己的经营范围仅限于长三角地区的考量,并未对第三人采取任何法律措施,漠视或者明确拒绝在先使用人的请求。如此一来,第三人在西安市对在先商标的继续使用行为将继续损害在先使用人的合法利益。在先使用人可以利用《反法》关于未注册标识保护的条款向法院提起诉讼,但正如前文所言,"能够通过商标法解决的问题,尽量不要适用反法","涉及商标财产侵权的只能由商标法予以规制,只有在商标法无法规制时,才能由反法予以补充"。事实上,完全可以通过《商标法》的规定,赋予在先使用人一定限度的"排他力",允许商标在先使用人向法院请求排除第三人侵害其合法利益或商誉的行为,以维护其合法利益。

第三,特定情形下赋予在先使用人一定限度"排他力"的规定并不复杂,相反还有具体规则可以参照。在排他许可使用合同中,商标权人与其被许可人均可以使用注册商标,当侵权行为行为发生时,商标权人可以单独提起诉讼,同时被许可人与商标权人也可以作为共同原告一起提起诉讼;如果商标权人因某种原因一直不提起诉讼,或在被许可人通知后明确拒绝被许可人的要求不提起诉讼,此时应当允许排他使用的被许可人可以自行提起诉讼,以维护其合法利益。[①]赋予在先使用人一定限度"排他力"同样可以参照此规定,当商标注册权人因某种原因不起诉时,出于维护在先使用人合法利益的需要,应允许商标在先使用人向法院请求排除第三人侵害其合法利益或商誉的行为,以避免其损害进一步扩大。

---

① 参见王莲峰:《商标法学》(第二版),北京大学出版社 2014 年版,第 89 页。

但是本书仍然强调,赋予商标在先使用人的是一定限度的"排他力",而非"排他权",即允许商标在先使用人向法院请求排除第三人侵害其合法利益或商誉的行为,但在先使用人并不存在禁止权、损害赔偿请求权等。因为从实然法的角度来看,商标在先使用仅是一种不侵权的抗辩手段,而非法律拟制的权利,出于保护在先使用人合法利益的需要,可以允许其提出排除非法侵害的请求,但"禁止权""损害赔偿请求权"均涉及"权利"的范畴,不应赋予在先使用人,否则有违商标在先使用的性质。

(二)赋予在先使用人一定限度"排他力"应满足的要件

需要再次强调的是,"排他力"并非"排他权",商标在先使用人可以向法院请求排除第三人侵害其合法利益的行为,但是需要在"特定情形"下方可行使。在运用该规则时,对"特定情形"的考察要特别审慎,否则极有可能构成对商标注册权人权利行使的妨碍,威胁商标注册取得制度。

1. 前提要件:商标在先使用成立

商标在先使用成立是赋予商标在先使用人一定限度的"排他力"的前提要件。并非任何在先使用人都可以向法院请求"排他",只有在在先使用人向法院证明其行为符合商标在先使用制度的构成要件的前提下,才可以请求排除第三人侵害其合法利益的行为。即应存在"使用在先"行为,并通过"使用在先"在商标申请注册之日前达到使商标"一定影响"的程度,属于"在同种或类似商品上使用相同或近似商标"的情形,且在先使用人主观上应为善意。任何一个要件不具备,在先使用人都不可向法院主张该请求。

2. 事实要件:存在第三人在原使用范围内使用商标权人商标的侵权行为

存在第三人在商标在先使用人的原使用范围内使用商标权人商标的侵权行为,应是赋予商标在先使用人一定限度的"排他力"的事实要件。需要明确的是,此处的第三人并非商标权人,同样也不是商标权人的业务承继者或获得商标权人独占、排他或普通许可的被许可人,但仅与商标权人存在一定业务往来关系的第三人不在此列。第三人应是无任何正当理由使用商标权人商标的主体。同时,第三人的全部或部分使用行为需要发生在商标在先使用人原使用范围之内,对于原使用范围的界定,前文已有具体规则。对于超出在先使用人原使用范围之外的部分,在先使用人并无任何手段对其进行约束,因为在先使用人所能保护的合法利益仅及于"原使用范围"内。

3. 通知要件:商标权人拒绝履行其排他权利

商标在先使用人要行使一定限度的"排他力",必须在其通知商标权人且商标权人用沉默或明确拒绝的方式表明其不会履行排他权利后方可行使,因此可将商标权人拒绝履行其排他权利认定为赋予商标在先使用人一定限度的"排他力"的通知要件。在商标注册取得制度下,真正拥有排他权的只可能是商标注册权人,只有当商标注册权人以沉默或明确拒绝的方式表明其不履行该排他权利时,为维护在先使用人的合法利益,需要赋予在先使用人一定限度的"排他力"。赋予商标在先使用人一定限度的"排他力"正是基于商标权人怠于行使其注册商标专用权的前提,为保护在先使用人通过在先使用行为形成的合法利益而设定的特殊规则。

但需要注意的是,此处的通知应要求是书面通知。商标权人以沉默方式表示拒绝则指的是在"一定合理期限内"商标权人未予回复(正常可以设定为三个月),或虽然回复会采取相关措施但一直未见行动的情形,且在先使用人必须在向法院提出排除第三人侵害其合法利益行为的请求时,清晰举证商标权人存在以沉默或明确拒绝的方式拒绝履行其排他权利的行为。

4. 结果要件:第三人的侵权行为危害到在先使用人合法利益

第三人的侵权使用行为危害到在先使用人的合法利益是赋予商标在先使用人一定限度"排他力"的结果要件。在先使用人必须向法院证明,未经许可的第三人,在其原使用范围内进行的侵权使用行为确实危害到其合法利益,如第三人在其原使用范围内,在相同商品上大量使用在先商标使在先使用人利益蒙受损失等。此外,在先使用人还须论证第三人的侵权使用行为与在先使用人的合法利益受到损害之间存在必要的因果联系,在先使用人才可以向法院请求排除第三人的妨害或侵害行为。

简而言之,在特定情形下,可以赋予在先使用人一定限度的"排他力",这种特定情形应满足四个必备要件:第一,商标在先使用成立;第二,存在未经许可的第三人在商标在先使用人的原使用范围内使用商标权人商标的侵权行为;第三,商标权人拒绝履行其排他权利;第四,第三人的侵权使用行为危害到在先使用人的合法利益。

三、商标在先使用制度的延伸

本书认为,在商业标识立法体系框架下,对商标在先使用制度中在先使用的客体可作广义理解,即在先使用制度中的"商标"概念可延伸至"商业标识"。在商业标识能够起到区别商品或服务来源作用的前提下,存在商业标识使用在先的客观事实,使用达到"一定影响"的程度,属于在同一种或类似商品上使用相同或近似商业标识的情形,且在先使用人主观上为善意,在这种情况下,商业标识的在先使用人就可以运用商标在先使用制度对抗商标权人的禁止权,并在原使用范围内继续使用该商业标识。

（一）商业标识的一般概念

2008 年《反法》（修订稿）（征求意见稿）首次引入并确立了商业标识概念,其具体界定为:"商业标识,应是指在日常经营活动之中,能够起到区别经营者和商品来源的标识,包括商标、企业名称、域名及商品特有的名称、包装、装潢等。"[①]由此可知,之所以主张对商业标识进行保护,主要是因为相关公众除了能够依托商标以识别商品或服务来源外,同样也可以依托除商标以外的其他商业标识来区分经营者和商品来源。识别经营者和商品来源的功能,是商业标识最基本的功能。

---

① 参见《反不正当竞争法》（修订稿）（征求意见稿）修订对照表,载百度文库网 https://wenku.baidu.com/view/f56fb5bf25c52cc58bd6beed.html,最后访问日期:2021 年 1 月 4 日。

以商品装潢为例。"7 Eleven"便利店的招牌装潢是由三条带有不同颜色(橙、绿、红)的横线组合而成,相关公众完全可以依据这种三条带有不同颜色的横线组合而知晓其进入的便利店为"7 Eleven"。换言之,此三条带有不同颜色的横线组合构成的商品装潢实质起到了区别经营者来源的作用,可以被认定为商业标识。

(二) 商业标识立法体系下对制度中客体作广义理解具有合理性

本书认为,在商业标识立法体系框架下,商标在先使用制度中的"商标"概念可延伸至"商业标识"。之所以强调应在商业标识立法体系框架下,是因为现有商标法律制度体系对除商标以外的其他商业标识并不予以保护,商业标识主要通过反不正当竞争法获得保护。而商业标识立法体系框架强调其他商业标识与商标处于同一法律体系框架之内,除商标以外的其他商业标识也可以通过商业标识立法获得保护。在此前提下,主张对商标在先使用制度中的客体作广义理解,即建立商业标识在先使用制度,具有合理性。

1. 立法价值取向在于保护"实际使用"

诚如前文所述,对商标在先使用制度的探讨,须从商标在先使用制度入法的角度出发,考虑当时的立法目的,基于当时立法本身的语境,从商标法保护新的价值取向去理解。商标在先使用制度之所以入法,核心在于商标法立法价值取向由原来单纯保护注册商标发展成保护注册商标专用权前提下重视商标的"实际使用",即,既重视对注册商标专用权的保护,又重视对在先实际使用且达到一定影响的未注册商标的保护。"商标在先使用制度是对'使用'价值的立法确认。"[①]

商标在先使用制度中"商标"概念延伸至"商业标识",更符合商标法立法的价值取向。目前,中国《商标法》对于商标在先使用的规定,仅将在先使

---

① 孙国瑞、董朝燕:《论商标先用权中的"商标"与"使用"》,载《电子知识产权》2016 年第 8 期,第 65 页。

用并产生一定影响的商标列为在先使用制度的客体,对于那些同样可以起到识别作用的商业标识是否受到商标在先使用制度的保护,则没有作出明确规定。但是,商标之外的商业标识实际上也在发挥着商标的作用,具备识别功能,从而辅助相关公众对市场上的商品进行判断和选择。包括商标在内的所有商业标识的价值都在于使用,由于其生产经营者的长期经营、广告宣传等投资行为,非商标类的商业标识实质上也发挥着商标的作用。如果不将它们纳入商标在先使用制度的客体,势必会损害在先使用并长期经营某一商业标识的使用人的合法利益。

简要言之,之所以主张"商标"概念可延伸至"商业标识",关键原因在于使用人"商标标识"已经进行了实际使用,且通过这种实际使用行为产生了可供保护的合法利益。可以说,对这种"实际使用"的保护是符合商标法立法价值取向的,将"商标"概念延伸至"商业标识",更像是对商标法立法价值取向下内容的补充。

2. 保护商业标识在先使用人合法利益的需要

对于在先使用且达到一定影响的商业标识(商标除外),如果被他人注册成了商标,且商业标识的在先使用人无法通过异议和无效等事由撤销该商标注册的,此时其通过客观在先使用所产生的合法利益无法得到保护。确实,可以通过反法对未注册商业标识进行保护,但对于他人将未注册商业标识成功注册成授权商标后,未注册商业标识使用人应无法依照反法的规定排除商标权人的使用。因为按照上文的逻辑,反法的适用不得损害商标法的主要原则,只有当商标法缺乏明确规定时,才有适用反法对相关行为予以规制的可能。[1]能够通过商标法解决的问题,尽量不要适用反法。一旦他人将未注册商业标识注册成授权商标,此时应通过商标法解决两者间的利益冲突问题。

---

[1] 参见[德]弗诺克·亨宁·博德维希:《全球反不正当竞争法指引》,黄武双、刘维译,法律出版社2015年版,第292页。

　　但是依循商标在先使用制度的规定,能够援引在先使用制度抗辩的只能是在先使用并产生一定影响的商标在先使用人,在先使用的客体是"商标",而非"商业标识","商业标识"的在先使用人无法通过商标法获得保护。此时,"商业标识"的在先使用人只能依托"权利在先原则""诚实信用原则"和"公平竞争原则"等原则性条款寻求保护,这种保护力度是较弱且不稳定的。因此,在商业标识立法体系框架下,出于保护商业标识在先使用人的合法利益的需要,可将在先使用制度中的"商标"概念延伸至"商业标识"。

　　3. 司法实践中已存在相关适用案例

　　司法实践中对在先使用客体作广义理解早有承认,譬如早年最高人民法院审理的"狗不理"商标纠纷案①。在该案中,原告自 20 世纪 80 年代开始,就在饭店内长期提供一类菜品名称"狗不理猪肉灌汤包",并且一直使用至今。之后,被告在第 42 类(餐馆类)申请注册了"狗不理"文字商标,该商标后还被认定属驰名商标。2006 年被告向法院提起诉讼,认为原告在饭店内使用"狗不理猪肉灌汤包"菜品名称的行为侵犯了注册商标专用权。该案历经一审、二审,法院最终认定,原告在济南这一特定地域内,使用"狗不理猪肉灌汤包"这一菜品名称的历史由来已久,原告使用这一菜品名称的行为,先于被告申请注册,其不存在任何攀附被告商誉的故意,也没有违背市场公认的商业道德,属于合理的在先使用。原告仍然可以继续保留对这一菜品名称的使用,但根据公平原则,继续使用的范围不得扩大。上述案例中涉及的在先使用标识应是一种菜品名称,是商业标识的一种。法院实质认可可以援引在先使用制度对在先使用且产生一定影响的未注册商业标识进行保护,但应依据公平原则仅在原使用范围内继续使用。

　　其实,就本书看来,他人可以将未注册的商业标识成功注册为授权商标,在一定程度上说明了此商业标识与商标之间存在转化的可能,即商业标

---

① 参见最高人民法院(2008)民三监字第 10-1 号民事判决书。

识在长期使用的过程中获得商标的属性,发挥商标的作用。在司法实践中,在先使用商业标识的使用人为保障自己合法利益,将商业标识当作商标进行不侵权抗辩时,法院出于保护"诚实信用"、维护"利益衡平"等需要,一般对此种行为予以认可,实质来说,司法实践认可在先使用制度中"商标"概念可以延伸至"商业标识"的做法。

总结而言,在商业标识立法体系下,商标在先使用制度中的"商标"概念延伸至"商业标识",是符合立法价值取向的,同时也是保护商业标识在先使用人合法利益的需要,司法实践中也存在认可在先使用制度中"商标"概念可以延伸至"商业标识"的做法。

本 章 小 结

本书认为,在利益平衡原则下,既要对在先使用人的继续行使予以必要限制,又要坚持特定情形下扩张在先使用人的行使内容。因此,本章主要从在先使用人的行使限制与行使扩张两方面对商标在先使用制度中的具体内容予以完善和延伸。行使限制的完善主要包括完善"原使用范围"的界定规则与明确"附加适当区别标识"的适用规则两方面。在"原使用范围"的界定上,明确在先使用人除仅能在原商品或服务类别上继续使用其商标外,还应受到"原使用地域范围"的限定。本章还对"原使用地域范围"的界定方法提出了相应建议;在界定的时间节点上,排除以商标权人主张权利之日作为界定"原使用范围"的时间节点的做法,坚持以商标申请之日作为界定"原使用范围"的时间节点;主张不应对在先使用人生产规模施以限制;对于网络环境中"原使用范围"的界定规则,建议可以也有必要依据具体的网络平台或者互联网产品对在先使用人的"原使用范围"进行界定,应考察在先商标在此网络平台或互联网产品上的使用是否达到"一定影响"。在完善"附加适当区别标识"的适用规则方面,明确"混淆可能"应是商标权人要求附加区别标识的前提,请求"附加区别标识"的主体只能是商标权人,"适当"程度以避免相关公众产生混淆为标准。

立法并未规定在先使用人的"行使扩张",本书主要从以下三方面内容对在先使用人的行使扩张进行探究与建议。第一,针对应否赋予在先使用人在原使用范围内全部排他权的争议,从"忽略了商标权人对在先使用人原使用范围的'侵略'""赋予在先使用人'全部排他权'必然撼动商标注册取得制度",以及"应先适用商标法解决商标在先使用问题"三方面,论证了赋予在先使用人在原使用范围内全部排他权的观点并不正确,实质进一步肯定了商标在先使用的性质应为一种不侵权的抗辩,而非权利本身。第二,建议在特定情形下可以赋予在先使用人一定限度的"排他力",满足特定情形的要件应包括"商标在先使用成立""存在未经许可的第三人在商标在先使用人原使用范围内使用商标权人商标的侵权行为""商标权人拒不履行其排他权利""第三人的侵权使用行为危害到在先使用人的合法利益",但"排他力"并非"排他权",其仅是在商标法制度体系下在先使用人为维护自身合法利益而向法院提出的保护请求。第三,建议在商业标识立法体系框架下,对商标在先使用制度中在先使用的客体作广义理解,即在先使用制度中的"商标"概念可延伸至"商业标识"。

结　语

　　虽然《商标法》第 59 条第 3 款规定了在先使用并产生一定影响的使用人可以寻求立法保护，但商标在先使用制度并不仅是立法规定的内容。立法仅确定了在何种条件下在先使用人可以寻求法律保护，并且规定了在先使用人的行使限制，但商标在先使用制度实际上十分复杂。之所以如此认为，是因为制度不仅牵涉到商标使用主义与商标注册主义的冲突，还涉及在先使用人利益、商标权人利益和社会公众的公共利益的平衡问题。对商标在先使用制度研究的不到位，有可能导致商标的使用难以发挥其应有价值，过分强调在先商标使用保护也会动摇注册取得制度根基。除此之外，若在先使用人利益、商标权人利益和社会公众的公共利益的边界划定不清，将直接有违商标立法的目的与宗旨。因此，这也是学界长期以来研究商标在先使用制度的原因。

　　本书认为，应从商标在先使用制度存在的理论基础出发，厘清并纠正理论与实践中关于商标在先使用制度理解与适用的种种争议，形成系统、科学、合理的商标在先使用制度。换言之，立法规定的内容仅是商标在先使用制度的一部分，除探究规定本身存在的问题外，对商标在先使用制度的研究还应包括探究商标在先使用依存的理论基础、商标在先使用本身的性质和在先使用人的行使扩张等。

　　第一，从制度存在的理论基础来说，本书认为，"劳动价值理论""'先到先得'的朴素正义观""利益平衡理论"，以及"兼顾公平正义与效率的价值追求"为商标在先使用制度的存在奠定了扎实的理论根基。商标在先使用制度的存在有其科学性、合理性。

第二,商标在先使用的性质虽然并非"在先权利""民事权利""抗辩权",但可从应然法的角度出发,可被认定为一种"自然权利",从实然法的角度出发,可被认定为一种"不构成侵权的抗辩手段"。

第三,就商标在先使用制度构成要件中的具体内容而言,对商标在先使用制度中"使用"的要求较之传统意义上的商标性使用更高,既要符合商标性使用,又要符合"国内使用"和"持续性使用"的限定。在对"在先"的要求上,建议改变立法中要求以"双重优先"判定"在先"的标准,坚持仅以"商标申请日"作为判定"在先"的标准,即在立法规定上应明确删除"先于商标注册人使用"这一限定。

从理论上应明确肯定在先使用人的使用应达到"一定影响"的程度,才可以寻求商标在先使用制度进行保护,并认定《商标法》第 32 条划定的"一定影响"门槛较高,《反法》第 6 条第 1 项中"一定影响"与商标在先使用制度构成要件中的"一定影响"在判断上可作同一性解释。同时,可通过司法解释的方法,确定应从在先商标使用的地理区域、相关公众的范围、相关公众对在先商标的知晓程度、认定达到"一定影响"要求的时间节点,以及相关证据因素等对在先使用人是否达到"一定影响"的程度进行综合认定。需要注意的是,从使用地理区域划分来看,"一定影响"的范围应至少覆盖某一乡镇,而不要求应至少覆盖某一区县或更高一级的市;应以"商标申请日"作为认定在先使用是否达到"一定影响"要求的时间节点。在判断相关公众对在先商标的知晓程度时,可参考在先商标所附商品或服务的销量、每年在先商标所附商品或服务销售增长率的变化、知晓该在先商标存在的相关公众的数量、在先使用人对在先商标进行广告宣传的程度、在先商标所附商品或服务的销售形式、经营规模、在先商标的持续使用时间等因素。

应明确将"善意"纳入商标在先使用制度的构成要件,同时以"非基于不正当竞争目的"对善意进行认定。其中,"非基于不正当竞争目的"主要指在先使用人不存在明显攀附商标权人商誉或明显贬损商标权人声誉等扰乱竞争市场的行为或意图。也就是说,应将"善意"纳入《商标法》第 59 条第 3 款关于商标在先使用的规定之中,并对"善意"的认定进行具体阐释。

第四,就商标在先使用制度中行使限制的具体内容而言,可以通过司法解释,明确在"原使用范围"界定上,坚持以"商标申请之日"作为界定"原使用范围"的时间节点;明确在先使用人继续使用范围除受"商品或服务类别"限定外,还应受到"原使用地域范围"的限定;主张不应对在先使用人的生产规模施以限制。同时,在网络环境中,可以也有必要依据具体的网络平台或者互联网产品对在先使用人的"原使用范围"进行界定,应考察在先商标在此网络平台或互联网产品上的使用是否达到"一定影响"的要求。

关于"附加区别标识"的适用规则,同样可以以司法解释的方法明确"混淆可能"应是商标权人要求附加区别标识的前提,请求"附加区别标识"的主体只能是商标权人,"适当"的程度以避免相关公众产生混淆为标准。

第五,应增加商标在先使用制度中关于行使扩张的内容。本书的研究从"忽略了商标权人对在先使用人原使用范围的'侵略'""赋予在先使用人'全部排他权'必然撼动商标注册取得制度",以及"应先适用商标法解决商标在先使用问题"三个角度,论证了赋予在先使用人在原使用范围内"全部排他权"的观点并不正确。但建议特定情形下可以赋予在先使用人一定限度的"排他力",满足特定情形的要件应包括:商标在先使用成立;存在未经许可的第三人在商标在先使用人原使用范围内使用商标权人商标的侵权行为;商标权人拒不履行其排他权利;第三人的侵权使用行为危害到在先使用人的合法利益。

同时,对商标在先使用制度予以延伸思考,建议在未来建构的商业标识立法体系框架中,对商标在先使用制度中在先使用的客体可作广义理解,即商标在先使用制度中的"商标"概念可延伸至"商业标识",并从多个角度论证了该建议的合理性。

然而,限于笔者的学识与研究能力,本书对商标在先使用制度的研究仍然存在不足之处。比如,本书形成的商标在先使用制度研究成果仅停留在纯理论层面,未能开展相关实证研究,理论本身有待实践检验。以在先使用人对在先商标的使用应达到"一定影响"的要求为例,本书认为,从使用地理区域划分来看,"一定影响"的范围应至少覆盖某一乡镇,而不要求应至少覆盖某一区县或更高一级的市,之所以形成此认知,在于本书认为只要存在一定数量的相关公众依凭在先商标认牌购物,而非依凭商品或服务的提供者购物,此时在先使用就达到了"一定影响"的要求。但是"乡镇"仅是象征性的概念或仅具有指称性的意义,具体判定还是需要结合个案,其难以成为一个绝对标准。除此之外,在撰写域外关于商标在先使用的规定与案例方面,检索到的案例较少,立法规定较多,一定程度上对域外案例的研究不够充分,可能还需要在后期研究过程中予以进一步补充。

另外,从类型化划分来看,商标在先使用制度是商标权权利限制制度的一种。但囿于篇幅,本书仅能从商标权权利限制制度的一般理论出发,开展商标权权利限制制度中商标在先使用制度的研究。在未来的研究中,笔者还应将商标权权利限制制度中的其他内容,包括商标合理使用制度、商标权权利用尽制度,纳入研究之中,以形成完整的商标权权利限制制度的理论研究成果。

参考文献

一、著 作 类

[美]E.博登海默:《法理学:法律哲学与法律方法》,邓正来译,中国政法大学出版社 2004 年版。

[德]安斯加尔·奥利:《德国商标法》,范长军译,知识产权出版社 2013 年。

[美]本杰明·卡多佐:《司法过程的性质》,苏力译,商务印书馆 2005 年版。

[澳]彼得·德霍斯:《知识财产法哲学》,周林译,商务印书馆 2008 年版。

[奥]博登浩森:《保护工业产权巴黎公约指南》,汤宗舜译,中国人民大学出版社 2003 年版。

丛立先:《带刀飞行的困惑:当代中国法治观察笔记》,中国法制出版社 2017 年版。

杜颖:《商标法》,北京大学出版社 2014 年版。

范长军:《德国反不正当竞争法研究》,法律出版社 2010 年版。

[日]丰崎光卫:《工业所有权法》(法律学全集),有斐阁 1980 年版。

冯晓青:《知识产权法利益平衡理论》,中国政法大学出版社 2006 年版。

[德]弗诺克·亨宁·博德维希:《全球反不正当竞争法指引》,黄武双、刘维译,法律出版社 2015 年版。

[日]纲野诚:《商标》,有斐阁 2002 年版。

何敏:《知识产权基本理论》,法律出版社 2011 年版。

黄武双、刘维:《商标共存:原理与判例》,法律出版社 2013 年版。

[美]贾斯丁·休斯:《知识产权哲学》,杨才然、张萍译,载刘春田主编《中国知识产权评论》(第 2 卷),商务印书馆 2010 年版。

[日]兼子一、染野义信:《特许·商标》(实务法律讲座),青林书院 1957 年版。

孔祥俊：《商标法适用的基本问题》（增订版），中国法制出版社 2014 年版。

孔祥俊：《商标与不正当竞争法原理和判例》，法律出版社 2009 年版。

李明德、闫文军、黄晖等：《欧盟知识产权法》，法律出版社 2010 版。

刘孔中：《解构知识产权法及其与竞争法的冲突与调和》，中国法制出版社 2015 年版。

龙文懋：《知识产权法哲学初论》，人民出版社 2003 年版。

［法］罗兰·巴尔特：《符号学原理》，王东亮等译，生活·读书·新知三联书店 1999 年版。

彭学龙：《商标符号学分析》，法律出版社 2007 年版。

［日］三宅发士郎：《日本商标法》，严松堂书店 1931 年版。

［日］森林稔：《知识产权与先使用权》，有斐阁 2003 年版。

［日］森智香子、广濑文彦、森康晃：《日本商标法实务》，北京林达刘知识产权代理事务所译，知识产权出版社 2012 年版。

《十二国商标法》翻译组：《十二国商标法》，清华大学出版社 2013 年版。

陶鑫良、袁真富：《知识产权法总论》，知识产权出版社 2005 年版。

［日］田村善之：《日本知识产权法》，周超、李雨峰、李希同译，知识产权出版社 2011 年。

汪泽：《中国商标法律现代化——理念、制度与实践》，中国工商出版社 2017 年版。

王莲峰：《商标法学》（第二版），北京大学出版社 2019 年版。

王莲峰：《商业标识立法体系化研究》，北京大学出版社 2008 年版。

王迁：《知识产权法教程》（第四版），中国人民大学出版社 2014 年版。

［日］纹谷畅男：《商标法 50 讲》，魏启学译，法律出版社 1987 年版。

吴汉东、胡开忠、董炳和等：《知识产权基本问题研究》（分论），中国人民大学出版社 2009 年版。

吴汉东：《知识产权基本问题研究》，中国人民大学出版社 2005 年版。

吴汉东：《知识产权法学》（第四版），北京大学出版社 2014 年版。

吴汉东：《知识产权制度基础理论研究》，知识产权出版社 2009 年版。

［古罗马］西塞罗：《论义务》，王焕生译，中国政法大学出版社 1999 年版。

［日］小野昌延、三山峻司：《新·商标法概述》，青林书院 2009 年版。

［日］小野昌延：《注解商标法》，青林书院 2005 年版。

［美］谢尔登·W.哈尔彭、克雷格·艾伦·纳德、肯尼思·L.波特：《美国知识产权法原理》，宋慧献译，商务印书馆 2013 年版。

文学:《商标使用与商标保护研究》,法律出版社 2008 年版。

袁曙宏:《商标法与商标法实施条例修改条文释义》,中国法制出版社 2014 年版。

[英]约翰·洛克:《政府论》,邓正来译,商务印书馆 1997 年版。

[英]约翰·洛克:《政府论》下册,叶启芳、瞿菊农译,商务印书馆 1983 年版。

[美]约翰·罗尔斯:《正义论》,谢延光译,上海译文出版社 1991 年版。

曾陈明汝、蔡明诚:《商标法原理》,台湾新学林出版社 2007 年版。

张耕、李燕、陈鹏飞:《商业标志法》,厦门大学出版社 2006 年版。

郑成思:《知识产权论》(第三版),法律出版社 2007 年版。

中国社会科学院知识产权中心、中国知识产权培训中心:《专利法、商标法修改专题研究》,知识产权出版社 2009 年版。

二、论　文　类

曹新明:《商标抢注之正当性研究——以"樊记"商标抢注为例》,载《法治研究》2011 年第 9 期。

曹新明:《商标先用权研究——兼论我国〈商标法〉第三修正案》,载《法治研究》2014 年第 9 期。

陈红:《商标权与知名商品的特有名称冲突问题研究》,载《政治与法律》2004 年第 6 期。

程德里:《在先使用商标的"有一定影响"认定研究》,载《知识产权》2018 年第 11 期。

董炳和:《商标在先使用的法律意义》,载《法学》1999 年第 10 期。

董美根:《英国商誉保护对我国商标专用权保护之借鉴》,载《知识产权》2017 年第 5 期。

杜颖:《商标法律制度的失衡及其理性回归》,载《中国法学》2015 年第 3 期。

杜颖:《商标先使用权解读——〈商标法〉第 59 条第 3 款的理解与适用》,载《中外法学》2014 年第 5 期。

杜颖:《在先使用的未注册商标保护论纲——兼评〈商标法〉第三次修改》,载《法学家》2009 年第 3 期。

段晓梅:《商标评审案件中类似商品或服务判定的审理实践(下)》,载《中华商标》2015 年第 5 期。

　　冯术杰:《未注册商标的权利产生机制与保护模式》,载《法学》2013 年第 7 期。

　　冯术杰:《限制注册商标权:商标先用权制度的改革路径》,载《知识产权》2019 年第 8 期。

　　冯术杰、于延晓:《知识产权地域性的成因及其发展》,载《长白学刊》2004 年第 6 期。

　　冯术杰:《知识产权条约视角下新型竞争行为的规制》,载《知识产权》2018 年 12 期。

　　冯晓青:《论知识产权的若干限制》,载《中国人民大学学报》2004 年第 1 期。

　　冯艳、柏玉姗:《商标先用权能否"跨入"互联网》,载《中华商标》2016 年 1 期。

　　黄朝玮:《商标先用权制度应删去"有一定影响"要件——评〈商标法〉第 59 条第 3 款》,载《中华商标》2015 年 8 期。

　　黄晖:《反不正当竞争法对未注册商标的保护》,载《中华商标》2007 年第 4 期。

　　黄汇:《商标使用地域性原理的理解立场及适用逻辑》,载《中国法学》2019 年第 5 期。

　　蒋利玮:《论商标在先使用抗辩——对新商标法第 59 条第 3 款的理解和适用》,载《中华商标》2013 年第 11 期。

　　罗莉:《信息时代的商标共存规则》,载《现代法学》2019 年第 4 期。

　　李扬:《商标在先使用抗辩研究》,载《知识产权》2016 年第 10 期。

　　李扬:《商标法中在先权利的知识产权法解释》,载《法律科学》2006 年第 5 期。

　　李雨峰、倪朱亮:《寻求公平与秩序:商标法上的共存制度研究》,载《知识产权》2012 年第 6 期。

　　李雨峰:《未注册在先使用商标的规范分析》,载《法商研究》2020 年第 2 期。

　　凌斌:《"肥羊之争":产权界定的法学和经济学思考——兼论〈商标法〉第 9、11、31 条》,载《中国法学》2008 年第 5 期。

　　刘作翔:《权利相对性理论及其争论——以法国若斯兰的"权利滥用"理论为引据》,载《清华法学》2013 年第 6 期。

　　倪朱亮:《商标在先使用制度的体系化研究——以"影响力"为逻辑主线》,载《浙江工商大学学报》2015 年第 9 期。

　　彭学龙:《寻求注册与使用在商标确权中的合理平衡》,载《法学研究》2010 年第 3 期。

　　邱进前:《美国商标合理使用原则的最新发展:The Beach Boys 一案评析》,载

《电子知识产权》2005 年第 5 期。

芮松艳、陈锦川:《〈商标法〉第 59 条第 3 款的理解与适用——以启航案为视角》,载《知识产权》2016 年第 6 期。

孙国瑞、董朝燕:《论商标先用权中的"商标"与"适用"》,载《电子知识产权》2016 年第 8 期。

唐荣娜:《对在先使用的普通未注册商标的司法保护》,载《人民司法》2012 年 3 期。

佟姝:《商标先用权抗辩制度若干问题研究——以最高人民法院公布的部分典型案例为研究范本》,载《法律适用》2016 第 9 期。

汪泽:《论商标在先使用权》,载《中华商标》2003 年第 4 期。

王莲峰、黄璟:《商业标识权利属性及其保护探析》,载《学术交流》2016 年第 8 期。

王莲峰:《论对善意在先使用商标的保护——以"杜家鸡"商标侵权案为视角》,载《法学》2011 年第 12 期。

王莲峰:《商标的实际使用及其立法完善》,载《华东政法大学学报》2011 年第 6 期。

王莲峰:《商标合理使用规则的确立和完善——兼评〈商标法(修改稿)〉第六十四条》,载《政治与法律》2011 年第 7 期。

王莲峰:《商标先用权规则的法律适用——兼评新〈商标法〉第 59 条第 3 款》,载《法治研究》2014 年第 3 期。

王莲峰:《我国商标权限制制度的构建——兼谈〈商标法〉的第三次修订》,载《法学》2006 年第 11 期。

王迁:《论"相同或类似商品(服务)"的认定——兼评"非诚勿扰"案》,载《知识产权》2016 年第 1 期。

王太平:《我国知名商品特有名称法律保护制度之完善——基于我国反不正当竞争法第 5 条第 2 项的分析》,载《法商研究》2015 年第 6 期。

王艳芳:《论新商标法的民事适用》,载《知识产权》2013 年第 11 期。

武敏:《商标合理使用制度初探》,载《中华商标》2002 年第 7 期。

罗晓霞:《论商标法的多元价值与核心价值——从商标权的"行"与"禁"谈起》,载《知识产权》2010 年第 2 期。

熊文聪:《商标合理使用:一个概念的检讨与澄清——以美国法的变迁为线索》,载《法学家》2013 年第 5 期。

姚鹤徽:《知名商品特有名称反不正当竞争保护制度辩证与完善——兼评〈反不正当竞争法(修订草案送审稿)〉》,载《法律科学》(西北政法大学学报)2016年第3期。

余晖:《司法实践中如何判断类似商品》,载《电子知识产权》2007年第4期。

张鹏:《〈商标法〉第59条第3款"在先商标的继续使用抗辩"评注》,载《知识产权》2019年第9期。

张鹏:《我国未注册商标效力的体系化解读》,载《法律科学》(西北政法大学学报)2016年第5期。

张峣:《商标先用权保护探讨》,载《知识产权》2014年第2期。

张玉敏:《论使用在商标制度构建中的作用——写在商标法第三次修改之际》,载《知识产权》2011年第9期。

三、中 文 案 例 类

安徽省合肥市中级人民法院(2018)皖01民终字第2210号民事判决书。

北京市第三中级人民法院(2014)三中民终字第3486号民事判决书。

北京市高级人民法院(2004)高行终字第463号行政判决书。

北京市海淀区人民法院(2008)海民初字第8283号民事判决书。

北京知识产权法院(2017)京73民终字第991号民事判决书。

北京知识产权法院(2014)京知民终字第134号民事判决书。

北京知识产权法院(2015)京知民终字第588号民事判决书。

东京高等法院平成14年(2002年)4月25日民事判决。

广岛地方法院福山支部昭和57年(1982年)9月30日民事判决。

广东省佛山市中级人民法院(2016)粤06民终字第5647号民事判决书。

广东省广州市白云区人民法院(2016)粤0111民初字第1069号民事判决书。

广东省深圳市中级人民法院(2017)粤03民初字第977号民事判决书。

广西壮族自治区南宁市中级人民法院(2014)南市民三初字第207号民事判决书。

海南省三亚市中级人民法院(2016)琼02民初字第131号民事判决书。

河北省保定市中级人民法院(2015)保民三初字第135号民事判决书。

河北省高级人民法院(2014)冀民三终字第44号民事判决书。

河北省高级人民法院(2016)冀民终字第 483 号民事判决书。

河南省新乡市中级人民法院(2014)新中民三初字第 96 号民事判决书。

湖北省高级人民法院(2016)鄂民终字第 509 号民事判决书。

湖南省长沙市中级人民法院(2003)长中民三初字第 449 号民事判决书。

湖南省长沙市中级人民法院(2004)长中民三初字第 359 号民事判决书。

湖南省长沙市中级人民法院(2002)长中民三初字第 272 号民事判决书。

湖南省长沙市中级人民法院(2015)长中民五初字第 757 号民事判决书。

湖南省高级人民法院(2006)湘高法民三终字第 30 号民事判决书。

吉林省长春市中级人民法院(2015)长民三初字第 82 号民事判决书。

江苏省高级人民法院(2016)苏 01 民终字第 7243 号民事判决书。

江苏省高级人民法院(2016)苏 04 民终字第 3528 号民事判决书。

江苏省高级人民法院(2016)苏民终字第 125 号民事判决书。

江苏省高级人民法院(2013)苏知民终字第 37 号民事判决书。

山东省高级人民法院(2016)鲁民终 1862 号民事判决书。

山东省高级人民法院(2016)鲁民终字第 2223 号民事判决书。

山东省高级人民法院(2016)鲁民终字第 2304 号民事判决书。

山东省淄博市中级人民法院(2014)淄民三初字第 62 号民事判决书。

陕西省西安市中级人民法院(2016)陕 01 民初字第 930 号民事判决书。

上海市第二中级人民法院(2003)沪二中民五(知)终字第 9 号民事判决书。

上海市高级人民法院(2015)沪高民三(知)终字第 1 号民事判决书。

上海市高级人民法院(2016)沪 73 民终字第 104 号民事判决书。

上海市黄浦区人民法院(2014)浦民三(知)初字第 68 号民事判决书。

上海市浦东新区人民法院(2008)浦民三(知)初字第 489 号民事判决书。

台南地方法院 97 年易字第 2152 号民事判决书。

天津市第一中级人民法院(2015)一中民五初字第 108 号民事判决书。

浙江省杭州市滨江区人民法院(2014)杭滨知初字第 4 号民事判决书。

浙江省杭州市余杭区人民法院(2016)浙 0110 民初字第 18246 号民事判决书。

浙江省嘉兴市中级人民法院(2017)浙 04 民初字第 91 号民事判决书。

重庆市第一中级人民法院(2017)渝 01 民终字第 462 号民事判决书。

最高人民法院(2015)民申字第 3513 号民事判决书。

最高人民法院(2015)民提字第 38 号民事判决书。

最高人民法院(2012)知行字第 9 号行政裁定书。

最高人民法院(2011)知行字第 37 号行政判决书。

最高人民法院(2017)最高法民申 3779 号民事裁定书。

四、外　文　类

(一) 外文论著类

Adam V. Burks，Dirk D. Lasater，"Comment：Location? Location? Location?：A New Solution to Concurrent Virtual Trademark Use," *Wake Forest Journal of Business and Intellectual Property Law*，2011.

Annette Kur，"Borderline Cases of Trademark Protection—A Study in German Trademark Law on the Eve of Amendment," *Journal of Pharmacology & Experimental Therapeutics*，1993，Vol.283(3).

Annette Kur & Martin Senftleben，*European Trademark Law*，Oxford University Press，2017.

Barton Beebe，"An Empirical Study of the Multifactor Tests for Trademark Infringement," 94 Cal. L. Rev. 1581(2006).

Charles Gielen & Verena von Bomhard，*Concise European Trademark and Design Law*，Wolters Kluwer，2011.

Cornish，Supra note 20；Groves，Supra note 19.

Daniel J. Gervais，*International Intellectual Property*，Edward Elgar Publishing Limited，2015.

David S. Barrett，The Future of the Concurrent Use of Trademarks Doctrine，Hastings Comm/Ent L.J. 691(2001).

Douglass C North，*Institutional Change and Economic Performance*，Cambridge University Press，1990.

Graeme B. Dinwoodie，Mark D. Janis，*Trademarks and Unfair Competition：Law and Policy*，Aspen Publishers，2007.

J. Thomas McCarthy，*McCarthy on the Trademarks and Unfair Competition* 4th ed.，looseleaf(Eagan：Thomson Reuters，2013).

Mark P. McKenna，"Trademark Use and the Problem of Source," *University of Illinois Law Review*，2009.

Michael Pulos，A Semiotic Solution to the Propertization Problem of Trademark，Bmj Case Reports，2006，Vol.53(3).

Peter J. Groves，*Source Book on Intellectual Property Law*，Cavendish Publishing Limited，1997.

Peter K. Yu，*Intellectual Property and Information Wealth：Issues and Practices in the Digital Age*，Praeger Publishers，2007.

Richard L. Kirkpatrick，*Likelihood of Confusion in Trademark Law*，New York：Practising Law Institute，1995.

Robert Burrell & Michael Handler，"The Intersection Between Registered and Unregistered Trade Marks，" *Federal Law Review*，2007，Vol.35(3).

W.R.Cornish，*Intellectual Property*(3rd ed.)，Sweet & Maxwell，1996.

(二) 外文案例类

A.Bourjois & Co. v. Katzel，275 F. 539 (2d Cir. 1921)，Rev'd，260 U.S. 689，43 S. Ct. 244，67 L.Ed. 464(1923).

Adams v. Burke，84 U.S.453，456(1873).

AMF Inc. v. Sleek craft Boats，599 F.2d 341(C.A.9) 1979.

Assembled Investments (Pty) Ltd v OHIM，Case T-105/05.

Bernardin(Alain) et Cie v. Pavilion Properties Ltd，[1967] F.S.R.341.

Blue Bell Inc. v. Farah Manufacturing Company Inc.，508 F.2d(1975).

Bobbs-Merrill Co. v. Straus，210 U.S. 339(1908).

Canon Kabushiki Kaisha v. Metro-Goldwyn-Mayer Inc.，Case C-39/97 (EC). 32.

Death Tobacco Inc. v. Black Death，31 U. S. P. Q. 2d 1899，1903，C. D, Cal.，1993.

Echo Drain v. Newsted，307F. Supp. 2d(C. D. Cal. 2003).

EMI Records Limited v. CBS United Kingdom Limited，C-51/75，[1976] E.C.R.I-811.

Hanover Star Milling Co. v. Metcalf，240 U.S.403，60 L.Ed.713，316 S. Ct.47 (1916).

Hanover Star Milling Co. v. Metcalf-240 U.S. 403，36 S. Ct. 357(1916).

Harrods Ltd. v. Sixty Internet Domain Names，302F. 3d 214，234n. 9（4th Cir. 2002）.

Inter Lotto(UK) Ltd v.Camelot Group plc，[2003] L.L.R.699.

Keeler v. Standard Folding Bed Co,167 U.S. 659(1895).

K Mart Corp. v. Cartier，Inc.486 U.S. 281(1988).

Natural Footwear Ltd. v. Hart，Schaffner & Marx，760 F.2d 1383，1398-99 (3rd Cir. 1985).

New West Corp. v. NYM Co. of Cal.，595 F.2d 1194，1201(9th Cir.1979).

NutraSweet Co. v. K&S Foods Inc.，4 U. S. P. Q. 2d（BNA）1964，1967，T.T.A.B.1987.

Sweetarts v. Sunline Inc.，380 F.2d 923，154 U.S.P.Q(8th Cir.1967).

United Drug Co. v. Theodore Rectanus Co.，248 U.S. 90，63 L. Ed. 141，39 S. Ct.48(1918).

Watec Co.，Ltd. v. Liu，403 F.3d(9th Cir. 2005).

Wrist-Rocket Manufacturing v. Saunders Archery co.，578 F. 2d（8th Cir. 1978）.

图书在版编目(CIP)数据

商标在先使用制度研究/邓文著.—上海：
人民出版社,2021
(上海社会科学院青年学者丛书)
ISBN 978 - 7 - 208 - 17010 - 0

Ⅰ.①商…　Ⅱ.①邓…　Ⅲ.①商标法-研究-中国
Ⅳ.①D923.434

中国版本图书馆 CIP 数据核字(2021)第 079747 号

责任编辑　史桢菁
封面设计　路　静

上海社会科学院青年学者丛书
商标在先使用制度研究
邓　文　著

出　　版　上海人&出版社
　　　　　　(200001　上海福建中路 193 号)
发　　行　上海人民出版社发行中心
印　　刷　上海商务联西印刷有限公司
开　　本　720×1000　1/16
印　　张　13.5
插　　页　4
字　　数　174,000
版　　次　2021 年 5 月第 1 版
印　　次　2021 年 5 月第 1 次印刷
ISBN 978 - 7 - 208 - 17010 - 0/D · 3729
定　　价　58.00 元